aSsaggi

slow wine

FABIO PRACCHIA

I SAPORI DEL VINO

Slow Food Editore

Testi di **Fabio Pracchia**
Redazione **Bianca Minerdo, Federica Vizioli**

Copertina **Roberto Fidale**
illustrazione shutterstock/Daria Rosen
Impaginazione **Francesco Perona**

Finito di stampare nel mese di marzo 2017
da **Grafica Veneta S.p.a.**, Trebaseleghe (Pd)

Slow Food Editore srl – Via Audisio, 5 – 12042 Bra (Cn)
Tel. 0172 419611 – Fax 0172 411218
editorinfo@slowfood.it – www.slowfoodeditore.it

Direttore editoriale: Carlo Bogliotti
Coordinamento editoriale: Chiara Cauda

ISBN 9788884994592

A Luigina, Yuri, Zeno e al piccolo Arturo

Sommario

Introduzione

Non ricordo da quando conosco Fabio, è sempre stato lì, in una fotografia su una parete con me e Lisandro, scattata dopo avere spento un incendio sulle colline sopra i vigneti di Valgiano. Sudato, nero di fumo e felice come un bambino che sa di avere fatto bene. Questa è stata per me la "priorità d'entrata" di Fabio. Un concetto, in cui mi ritrovo completamente, che scoprirete una volta entrati nel cuore del suo libro.

I sapori del vino, scritto con trasporto ed entusiasmo, sa trasmettere al lettore la voglia di comunicare l'esperienza di una vita; proprio come gli scrittori ottocenteschi descrivevano i loro viaggi e le loro avventure, l'autore si sofferma sulle scoperte della degustazione del vino, che coinvolgono i sensi e il cuore. Lo fa con un approccio insieme umanistico e scientifico; prende il lettore per mano e lo guida sui sentieri dell'olfatto e del gusto, per poi scavalcarli e inoltrarsi nella foresta dell'energia dinamica territoriale. Sa esprimere ciò che io provo quando degusto un vino, e lo fa con competenza e dedizione.

I nostri percorsi, personali e professionali, sono spesso stati paralleli; a volte si sono intersecati, facendoci trovare nello stesso punto senza averlo programmato. Ho sempre pensato a Fabio come a una sorta di sacerdote del vino, completamente coinvolto in ciò che fa. Conosce le viti, sa prendersene cura, è in grado di lavorare in cantina, travasare, fare una follatura o un rimontaggio e, soprattutto, conosce ogni singolo fazzoletto di terra in cui si produce vino; ne conosce la storia, le vicissitudini e, indubbiamente, ne comprende l'essenza, avendola distillata attraverso il fegato.

Quando Fabio beve si lascia permeare dal vino, spesso in copiosa quantità, poi il suo fegato gli restituisce in una sintesi il terroir, nei suoi aspetti ambientali, geologici, storici e culturali.

Tra amici, a volte lo prendiamo in giro perché la sua dedizione al vino lo espone a una serie infinita di malintesi, ma tutti riconosciamo la profondità del suo sapere.

Quando arriva a Valgiano, magari mentre insacchiamo il maiale, con i tempi contati di un padre di tre figli, è tutto un turbinio di vini, bottiglie aperte una dopo l'altra e storie che si riversano dentro di noi. La sua visione del vino è complessa, esprime immagini, unisce persone, geografia e storie. In altre parole, il vino è cultura.

Questo libro aiuta, quindi, a comprendere come il vino sia un mezzo di trasferimento culturale e non un semplice oggetto di analisi.

Siete pronti ad abbandonare le sicure spiagge della degustazione analitica, cosiddetta "oggettiva"? Con Fabio affronterete il vasto oceano imprevedibile della degustazione territoriale, alla ricerca della libera interpretazione di un territorio, raccolta da chi, quel territorio, lo respira, lo mangia e lo beve quotidianamente. Tra le pagine ritroverete l'energia che la vite sa trasmettere al vino, veicolando nel bicchiere sole, terra e sapienza contadina.

Saverio Petrilli
Enologo della Tenuta di Valgiano

Bevo molto vino, forse troppo. Per mia fortuna l'attitudine ereditata si è trasformata in uno strano lavoro che porto avanti, da almeno vent'anni, con smisurata passione.
Mi piace il vino perché imprime, nella sua materia alcolica, le infinite combinazioni di paesaggio, storia e umanità. In passato ho avuto in testa gerarchie e classifiche, oggi no; sono convinto che ogni vino, prodotto nel rispetto dell'origine, abbia pari dignità. Esistono tanti vini quanti sono i diversi paesaggi agricoli; è in questa moltitudine di identità che si manifesta la migliore qualità del vino italiano, grazie al quale ho incontrato un sacco di persone, anch'esse diverse tra loro. Vignaioli, enologi, degustatori e bevitori; ognuno, attraverso il bicchiere e in egual misura, ha contribuito alla mia formazione. Alcuni sono diventati amici. Nel tempo ho imparato a bere con coscienza la diversità e poi a raccontarla in un modo che sia soltanto mio.
Ho un'altra fortuna: vivo nel più bel momento storico della viticoltura italiana.

1. Origine dei vini complessi

L'ultima generazione di viticoltori, non strettamente intesa in senso anagrafico, ha saputo fare tesoro della storia enologica del nostro Paese per arrivare a descrivere in modo definito la splendida vocazione italiana alla produzione di vino di qualità.

Oggi più che mai è possibile per gli appassionati bevitori arrivare a conoscere, attraverso il bicchiere, le tante geografie del vino italiano. Non è stato facile, poiché la viticoltura nazionale ha sofferto, come tutto il comparto agricolo, della congenita cecità politica di fronte al potenziale enorme che la tradizione contadina poteva rappresentare.

Un esempio lampante di questa incapacità è la vicenda storica delle denominazioni di origine, disciplina con la quale lo Stato, in teoria, intende organizzare e tutelare la produzione del vino di qualità. Ebbene, dalle prime ipotesi di regolamentazione, proposte a inizio Novecento dagli onorevoli Calissano, Di Pietra e Marescalchi, si è giunti nel 1963 alla prima legge sulle denominazioni in età repubblicana, passando per la legge sui vini tipici negli anni Trenta, in pieno regime fascista[1]. Perdipiù, solo vent'anni dopo la sua

1. Cfr. Alessandra Pizzaballa, *I vini di denominazione di origine nel dibattito parlamentare italiano e nella stampa di settore (1926-1992)*, Federdoc, Roma 2000.

approvazione, il Dpr 930 del 1963 risultò inadeguato alle dimensioni che il comparto viticolo aveva assunto, evidenziando ancora una volta l'inettitudine politica alla regolamentazione di tale materia. Circa cento anni, quindi, per definire in senso qualitativo un settore così importante per economia e mobilità sociale.

L'aspetto più paradossale di questa vicenda è che ogni passo avanti nella legislazione sul vino è stato fatto non per volontà programmata ma per contingenze esterne. La legge del 1963, infatti, fu stimolata dall'unione doganale italo-francese che il ministro degli Esteri Carlo Sforza propose alla Conferenza di Parigi del 1947 e resa necessaria dalla costituzione della Cee nel 1957. Le trattative comunitarie in materia di politica agricola fecero emergere l'enorme divario tra le nazioni aderenti. Si evidenziarono così le carenze di tutela nel nostro Paese, soprattutto nei confronti di un diretto concorrente come la Francia, dato che la legislazione transalpina, a partire dal 1935, aveva chiarito il dibattito sui vini di origine favorendo non poco l'esportazione verso mercati esteri. Così, tenendo conto anche delle minacce di blocco delle importazioni da parte del governo degli Stati Uniti, che richiedeva in modo sempre più pressante certificati di origine e autenticità, il Dpr 930 del 1963 fissò le norme per la tutela delle denominazioni di origine, di fatto poco e mal applicate.

Anche la legge 164 del 1992 nacque sulle convulsioni di un mondo viticolo esterno che doveva essere nuovamente regolamentato per camminare al passo del Mercato Comune. Non solo, ma lo scandalo del vino al metanolo occorso nel 1986, conseguente all'estrema carenza dei meccanismi di controllo sul vino, fu un tragico incentivo all'alacrità con cui il Parlamento giunse alla moderna normativa del comparto enologico italiano, che oggi poggia sulle recenti disposizioni dell'Unione europea stabilite nel 2012.

Il percorso tortuoso della legislazione era in parte dovuto a un disinteresse della politica nei confronti dell'agricoltura, per il resto a una non sempre facile risoluzione dei conflitti tra gli interessi dell'industria del vino e la reale tutela della qualità enologica italiana a partire dalla delimitazione territoriale; infatti, solo con la legge 164 si arriverà a definire il concetto di territorio come elemento qualitativo nella produzione di vino. Fatto sta che gli anni Novanta hanno segnato la nascita della moderna viticoltura italiana.

Quello che è successo ha del rivoluzionario. Si sono affermati, a livello mondiale, aziende, vini ed enologi, in una crescita esponenziale di tutto il settore. La velocità con cui è emerso un modello internazionale di riferimento, a seguito del successo commerciale dei nostri vini, soprattutto sul mercato americano, ha rischiato di disperdere quanto di buono era stato fatto prima sia sul fronte della produzione sia su quello della narrazione della nostra viticoltura.

Tutti gli anni Novanta sono stati caratterizzati da un accanito aggiornamento tecnico nelle pratiche agricole e nella vinificazione; al contempo, alla diffusione di vini totalmente stravolti dall'origine, e fabbricati per seguire un modello internazionale di riferimento, si è affiancata una cultura del vino senza precedenti. Sono due facce della stessa medaglia. La nuova imprenditoria viticola di estrazione non contadina, la cui ignoranza in materia è stata arginata dal ricorso alle consulenze enologiche, vero leitmotiv di quel periodo, ha avuto come risultato un'omologazione enologica tutta sbilanciata verso la dolcezza e la concentrazione del vino. La pratica della consulenza, infatti, ha avuto il grande limite di estendere il medesimo modello enologico a paesaggi viticoli diversi per suoli, tipologie di uva e tradizioni contadine. Basta assaggiare un vino degli enologi più affermati dell'epoca, come Carlo Ferrini o Riccardo Cotarella, per rendersi conto dell'appiattimento in termini di complessità gustativa e differenze territoriali.

L'errore macroscopico è stato quello di applicare la tecnologia acquisita nell'interesse di un mercato che pareva assorbire qualsiasi vino prodotto nel canone della concentrazione. Nello stesso periodo, però, si è strutturata una vera e propria cultura del vino che ha creato i presupposti dell'attuale viticoltura. Una cultura a 360 gradi, dalla formazione universitaria ai corsi per aspiranti intenditori, passando per la sempre più massiccia presenza del discorso sul vino nei mezzi di comunicazione di massa, all'alba dei social network.

È interessante notare come l'attuale qualità della viticoltura non nasca da una precisa contrapposizione al modello industriale ma ne sia una conseguenza. Da tale ragionamento deriva che l'omologazione enologica è stata la necessaria fase embrionale di un intero movimento, la cui evoluzione ha finalmente condotto verso la varietà produttiva apprezzabile oggi. Da questo ambiente formativo si è generata l'odierna viticoltura di eccellenza, che ha saputo innervare lo statico e omologato tessuto imprenditoriale esistente di contenuti finalmente contadini e di differenze espressive nei vini realizzati. La fisionomia aziendale che interessa l'attuale vertice qualitativo della produzione viticola è sostanzialmente agli antipodi del modello imprenditoriale dominante solo quindici anni fa e ancora oggi saldamente presente. Posso tentare di sintetizzare in qualche punto il profilo di tale nuova artigianalità:

- le aziende sono condotte in prima persona dal produttore
- la viticoltura svolta è rispettosa della vita del suolo
- i vini realizzati sono frutto della qualità dell'annata
- i vini sono coerenti alla storia del luogo di origine
- l'enologia non travalica l'espressione del territorio.

Tali caratteristiche hanno scompigliato per bene la messa in piega con cui una scuola di enologia all'avanguardia tecnologica, ma poco sensibile alla tradizione, aveva laccato la fisionomia espressiva del vino italiano. In sostanza all'inizio degli anni Duemila i vini che abbiamo imparato a conoscere dieci o quindici anni prima sono stati affiancati da un modo completamente nuovo di pensare il vino, un modo nel quale il vignaiolo si è preso la responsabilità del sapore nel bicchiere versato. Il bello è che tale universo ha cominciato a interessare gli appassionati, i distributori e i professionisti a vario titolo del vino. Si è battezzato "naturale" il vino concepito in modo prettamente contadino, risultato di un'agricoltura condotta attraverso metodi biologici o biodinamici e di un ragionato impiego di tecnica enologica.

È ancora oggi difficile individuare i contorni di un universo non tutelato a livello istituzionale e continuamente in evoluzione. Molto utile è stata la pubblicazione nel 2013 di un volume, *Il vino "naturale"*, nato da un'idea di Simona Centi, Gianpaolo Di Gangi, Alessandro Franceschini, Maurizio Paolillo[2]. Pur nella parzialità dell'indagine – "naturale" è una definizione di viticoltura e non una certificazione –, i dati raccolti sono molto interessanti. Nel 2013, sei produttori su dieci che definivano naturali i loro vini erano dotati di una certificazione biologica; elemento quest'ultimo destinato a crescere in futuro perché l'Unione europea ha definito legalmente il vino biologico favorendone la codificazione commerciale. Dai dati emersi si evince che il vino naturale occupa un margine del comparto viticolo italiano con circa l'1,64% della superficie vitata nazionale, pari a 662.000 ettari; la produzione si attesta intorno ai 317.000 ettolitri, equivalente allo 0,74% di quella nazionale, di circa 43.000.000 ettolitri. I numeri possono sembrare esigui. Eppure la crescente quantità delle fiere di settore e dei cataloghi dei distributori

2. Servabo laico di parte, *Il vino "naturale". I numeri, gli intenti e altri racconti*, Versanti Cooperativa Editoriale, Roma 2013.

specializzati, così come il respiro internazionale del movimento, testimonia la presenza tutt'altro che insignificante di un nuovo modello di enologia.

Sono molteplici i motivi di tale affermazione. Vi è l'insofferenza verso la standardizzazione operata in precedenza; vi è una maggiore attenzione all'origine del vino, conseguente alla raggiunta maturità del mondo che compra e beve; vi è, in ultima analisi, una diffusione del sapere affidata ai pirotecnici mezzi di comunicazione, a mo' di tam tam ininterrotto, che porta a conoscere quotidianamente realtà nuove senza soluzione di continuità.

Alimentata da uno scambio di esperienze internazionali sempre più frequente, siffatta viticoltura, se pure marginale, ha infiltrato le fondamenta – facendone in qualche modo crepare l'architettura – del monoblocco enologico costruito dal connubio delle forze industriali applicate alla viticoltura.

Le principali conseguenze di questo cortocircuito sono riassumibili in quattro punti:

- sensibilizzazione verso l'etica produttiva, cui segue la diffusione del biologico e del biodinamico
- estensione del territorio italiano vitato non in senso quantitativo ma geografico
- rinnovato legame con la tradizione e i protagonisti della viticoltura antecedente l'esplosione tecno-scientifica applicata all'enologia
- originalità delle espressioni enologiche affidata alla sensibilità del vignaiolo.

Il libro che state leggendo nasce dallo stacco gustativo che i vini ottenuti da tale enologia hanno originato nel mio palato. L'incontro con la viticoltura reale e il vino di territorio ha evidenziato il limite della tecnica di degustazione fondata sulla scomposizione dell'analisi sensoriale al fine della valutazione; tale metodo non è più sufficiente alla piena coscienza dell'assaggio. Il vino rassicurante e prevedibile, ricavato attraverso un lavoro di laboratorio finalizzato alla ricerca dell'equilibrio tecnico tra le componenti materiche, vale a dire alcol e i suoi derivati, tannini, acidi e zuccheri, viene accostato da un vino in cui la proporzione agognata dei costituenti passa in secondo piano per porre in evidenza altri tipi di caratteri, legati a valori storici e geografici, la cui percezione qualitativa non si affida alla scomposizione dei singoli elementi ma a un più profondo senso del sapore. Emerge in questo modo l'esigenza di incontrare questi vini con strumenti nuovi e diversi che possano restituire alla gioia del gusto tutta la complessità racchiusa in un bicchiere di vino. Questo è lo scopo dei prossimi capitoli.

LE LEGGI SUL VINO IN ITALIA

Le normative salienti che regolano la produzione di vino in Italia sono, attualmente, due. La prima è una naturale evoluzione della legge n. 164/1992 sulle denominazioni, la quale da regolamento nazionale si è dovuta adeguare al profondo cambiamento dell'Organizzazione comune del mercato vitivinicolo europeo (Ocm) promosso dal Consiglio dell'Unione europea. Nasce così il regolamento Ce n. 479/2008, entrato in vigore il 1° agosto 2009. Tra gli aspetti principali interessati dalla riforma vi sono:

- dotazioni finanziarie nazionali
- diritti di impianto
- eliminazione progressiva dei regimi di distillazione
- estirpazione
- pratiche enologiche
- classificazione dei vini
- controlli.

Uno dei punti di questa legge che interessa di più gli appassionati riguarda la classificazione dei vini. La 164 sanciva la piramide qualitativa dei vini italiani così: al vertice le Docg, seguite dalle Doc e dalle Igt, alla base i Vini da tavola. Le nostre denominazioni principali – Denominazione di origine controllata e garantita (Docg), Denominazione di origine controllata (Doc), Indicazione geografica tipica (Igt) – sono state comprese in altre sigle, peraltro già esistenti per gli alimenti. Docg e Doc sono state accorpate nella sigla Dop, Denominazione di origine protetta; i vini Igt sono stati inglobati nelle Igp.

Dop indica il nome di una regione, di un luogo determinato o, in casi eccezionali, di un paese che serve a designare un vino – originario di tale regione, di tale luogo determinato o di tale paese – la cui qualità o le cui caratteristiche siano dovute essenzialmente o esclusivamente all'ambiente geografico, comprensivo dei fattori naturali e umani. Le uve da cui è ottenuto un vino Dop sono per il 100% prodotte, trasformate ed elaborate nell'area geografica delimitata.

Igp indica il nome di una regione, di un luogo determinato o, in casi eccezionali, di un paese che serve a designare un vino – originario di tale regione, di tale luogo determinato o di tale paese – di cui una determinata qualità, la reputazione o un'altra caratteristica possa essere attribuita all'origine geografica. Le uve da cui è ottenuto un vino Igp provengono per almeno l'85% esclusivamente da tale zona geografica. Per i vini Igp è stata introdotta la delimitazione della zona di vinificazione delle uve. Ciò significa che non è più possibile produrre un vino Igp da uve vendemmiate in una regione ma vinificate in un'altra (a eccezione del 15% delle uve che possono provenire da fuori zona).

Un'altra modifica riguarda la scomparsa dei vini da tavola. I vini varietali, con o senza indicazione di annata e vitigno, sono definiti semplicemente **Vino**.

Quest'ultima categoria contempla vini senza alcuna indicazione riferita all'origine, che possono essere prodotti con uve provenienti da varie zone e/o da vari Stati membri. Possono riportare in etichetta il riferimento all'annata e/o alle varietà di uve utilizzate.

Non c'è da stupirsi se ancora oggi vediamo sulle nostre bottiglie le "vecchie" diciture. Nelle considerazioni iniziali del regolamento n. 479/2008, infatti, si afferma che « qualora in uno Stato la politica della qualità sia disciplinata con disposizioni e pratiche nazionali, tali disposizioni e pratiche possono rimanere in vigore». Questo ha consentito di continuare a utilizzare i termini Docg, Doc e Igt in quanto ritenute menzioni tradizionali riconosciute dal diritto dello Stato.

Ricapitolando, ecco le principali regole.

- Nonostante la nuova definizione delle Dop e Igp contenuta nel regolamento comunitario, il sistema piramidale italiano viene salvaguardato perché i termini Docg, Doc e Igt sono stati riconosciuti come menzioni tradizionali; è quindi possibile scrivere in etichetta, anche congiuntamente, sia il termine Doc/Igt sia il termine Dop/Igp, e la scelta è a carico del produttore.

- La procedura di conferimento della protezione delle denominazioni è comunitaria, seppure sia previsto un iter preliminare nazionale; dato che le nuove prassi sono del tutto innovative, a livello nazionale sono state demandate a un apposito decreto ministeriale, che è stato approvato (Dm 6 agosto 2009) e ha visto molto rafforzato il ruolo delle Regioni.

- È stata introdotta la delimitazione obbligatoria della zona di produzione anche per i vini Igp (con norma transitoria che ha consentito una deroga fino al 31 dicembre 2012).

- I controlli di filiera sulle produzioni sono estesi anche ai vini Igp, per i quali sono previsti obbligatoriamente gli esami analitici, anche se con varie modalità (sistematici o a sondaggio o casuali).

- È stato fatto salvo il principio della coesistenza in una stessa area di più vini a Denominazione di origine e a Indicazione geografica.

- È stata introdotta l'indicazione obbligatoria dell'annata di produzione in etichetta per i vini Docg e Doc.

- Lo schedario viticolo diventa lo strumento unico per la gestione dei vigneti atti a produrre vini Dop e Igp (non si parla più di albi e di elenchi ma di apposite "sezioni" dello schedario).

- È previsto un nuovo sistema di gestione dei controlli. Organismi pubblici e privati devono garantire la qualità e la terzietà nell'espletamento dei controlli (rispetto dei requisiti del regolamento Ce n. 882/2004 e della norma En 45011); la procedura di controllo parte dalla denuncia di produzione delle uve e si conclude con la certificazione di idoneità: tali attività sono affidate a un unico soggetto (non è più previsto il ruolo delle Camere di commercio).

- L'organismo di controllo sceglie la struttura a cui affidare gli esami chimico-fisici e organolettici, che quindi non devono necessariamente fare capo alle Camere di commercio.

- È stata introdotta una tolleranza dell'1% sulla percentuale dei vitigni che compongono la base ampelografica di ciascun vino.

- Per i vini Docg è obbligatorio indicare la densità minima di impianto e viene stabilito che eventuali fallanze, entro il limite del 10%, non incidano sulla produttività del vigneto.

- È consentito il declassamento anche se non sono stati persi i requisiti chimico-fisici e organolettici del prodotto.

Il vino biologico certificato

La seconda normativa saliente è più recente e riguarda la definizione, in ambito europeo, dei criteri per la produzione e l'etichettatura del vino biologico.

Tale regolamentazione è stata resa necessaria dalla crescente offerta e relativa domanda di generi alimentari, tra cui il vino, concepiti secondo una particolare etica produttiva.

Il 14 marzo 2012 è stato pubblicato il regolamento n. 203/2012 «che modifica il regolamento (CE) n. 889/2008, recante modalità di applicazione del regolamento (CE) n. 834/2007 del Consiglio in ordine alle modalità di applicazione relative al vino biologico». Dalla vendemmia 2012, dunque, le aziende vitivinicole, se rispondenti ai requisiti stabiliti dall'Unione europea, possono apporre sulle bottiglie la dicitura "vino biologico". La legge concerne sia le norme specifiche sulla vinificazione sia quelle relative all'etichettatura. È possibile inoltre riconoscere la conformità delle annate precedenti. Tra le pratiche enologiche vietate vi è la concentrazione parziale a freddo, l'eliminazione dell'anidride solforosa con procedimenti fisici, l'elettrodialisi e lo scambio cationico per la stabilizzazione tartarica del vino e la dealcolizzazione parziale dei vini. Inoltre si limitano azioni come i trattamenti termici, le centrifugazioni e le filtrazioni. Le sostanze ammesse per l'elaborazione dei vini sono 44, 24 in meno rispetto al regolamento Ocm. Tra le altre, sono ammesse, se provenienti da agricoltura biologica: gelatina alimentare, proteine vegetali ottenute da frumento o piselli, colla di pesce, ovoalbumina, tannini, gomma arabica. Il tenore massimo di anidride solforosa non deve superare i 100 mg/l per i vini rossi con zucchero residuo inferiore a 2 g/l e i 150 mg/l per i vini bianchi e rosati con un livello di zuccheri residui inferiore a 2 g/l.

2. Apprezzare la diversità

Il difetto principale del modo in cui il tecno-scientismo considera la forma dei vini risiede nel soggettivismo, che equivale in questo caso a presupporre un soggetto fisiologico astratto e a definire quel che è buono per lui. Nello stesso tempo, la diversità all'opera nell'oggettività esistente si vede relegata in secondo piano. Che si tratti di un effetto della geografia o del clima, a questa si preferisce l'oggetto calcolato dal sapere fisiologico, il solo che sarebbe capace di determinare ciò che è conforme all'organo del gusto. Rivoluzionario sul piano tecnico, un tal modo di procedere rimane decisamente immobilista sul piano antropologico ed estetico. Ciò che vi è di vivente e di aleatorio nella formazione del gusto umano, il fatto che sia impregnata di storia tanto individuale quanto sociale e naturale, è indifferente. I fattori che determinano la libertà gustativa dell'oggetto e alimentano quella del soggetto diventano personaggi sospetti che conviene sottoporre a una rigida ortopedia[3].

La versione in lingua originale di questo libro di Le Gris, enotecario francese di formazione filosofica, risale al 1999. È stato un testo fondamentale per avviare una critica al modello enologico unico che ha imperversato, prima in Francia e poi in Italia, per tutti gli anni Novanta e parte dei Duemila. Ciò che l'au-

3. Michel Le Gris, *Dioniso crocifisso: saggio sul gusto del vino nell'era della sua produzione industriale*, DeriveApprodi, Roma 2011.

tore lamentava, circa quindici anni fa, era la perdita del valore della diversità nella valutazione di un vino, svuotato, in quel periodo di ipertecnicismo, dei suoi connotati storici e culturali.

Grazie a una maggiore sensibilità agronomica e alla divulgazione di vini nati da enologia indipendente, la viticoltura odierna ha riacquistato l'ampio respiro della molteplicità espressiva che è alla base della storia agricola mediterranea. Da questo rinnovato legame con la diversità dei luoghi di origine è tornata alla luce la ricchezza formale dei vini nati dall'interazione tra geografia, viticoltura ed esperienza umana.

Oggi, dunque, ci troviamo di fronte a uno scenario nel quale la qualità del vino non può essere decontestualizzata da fattori, solo in apparenza esterni, che concorrono alla sua creazione; per parafrasare l'antropologo francese Claude Fischler[4], il buono da bere coincide con il buono da pensare. Ecco quindi tornare, non privi di una certa attualità e in tutto il loro fascino storico, le opere di descrizione enologica realizzate tanto tempo fa dai padri fondatori dell'enogastronomia italiana come Mario Soldati e Luigi Veronelli. In generale Soldati diffuse l'importanza di narrare il vino attraverso una dimensione locale di riferimento, accostandolo a tradizioni gastronomiche, sociali e paesaggistiche fondamentali alla sua definizione stilistica. Il suo viaggio nell'Italia del vino,

4. In particolare si fa riferimento a *L'onnivoro: il piacere di mangiare nella storia e nella scienza*, Mondadori, Milano 1992.

caratterizzato da tre itinerari tra il 1968 e il 1975, rimane tra le migliori opere di approfondimento dedicate alla viticoltura del nostro Paese. Veronelli, invece, mise in risalto il lavoro artigianale del vignaiolo connesso a un luogo di origine vocato. La sua idea di viticoltura legata all'anarchia dell'agire contadino è verosimilmente, ancora oggi, il pensiero più vicino all'indipendenza enologica così attuale in questi giorni. Non è un caso che proprio nell'era odierna le loro voci risuonino così distinte nei contenuti rispetto a quelle più amplificate nel volume dei professionisti del settore, la mia compresa, cresciuti dagli anni Novanta a oggi. Nelle testimonianze di Veronelli e Soldati è possibile trovare le tracce della migliore viticoltura contemporanea, legata all'individualità del luogo di origine.

Il vino che scaturisce da ogni singolo paesaggio si pone in forte discontinuità con quello confezionato dall'estetica enologica omologante. Il contrasto è evidente nell'espressione gustativa. La natura, con la sua mutevolezza, forma uve sempre diverse che la mano sapiente del vignaiolo trasformerà in vino. Tale diversità, fedele specchio di un luogo, di un vitigno, di un'annata e di gesti umani, è vista da un certo tipo di enologia come fattore da correggere per ottenere una malintesa perfezione nel risultato della fermentazione alcolica. Dal punto di vista strettamente tecnico la perfezione coincide con l'equilibrio pensato come semplice rapporto proporzionale tra le varie componenti della materia vinosa.

Ormai da qualche decennio la tecnologia ha messo a disposizione dei dottori enologi qualsiasi mezzo necessario per ovviare alla variabilità naturale di ogni anno viticolo, intimamente connessa ai mestieri che hanno a che fare con il clima e la terra. Il commercio necessario ha poi alimentato l'ansia da correzione dei mosti, quasi che un'annata diversa da un'altra fosse un pericoloso deterrente alla vendita dei vini invece che un valore aggiunto al fascino della viticoltura. Gli interventi non erano limitati soltanto alla modifica delle annate ma si spingevano fino a camuffare le caratteristiche dei vitigni e delle sfumature territoriali, quando non ritenute appetibili dal mercato. Tale atteggiamento, esteso per circa un ventennio, si trova oggi in netto difetto rispetto all'affermazione perentoria dell'appartenenza al territorio come valore principale della viticoltura ed enologia applicate. La forma del vino, divenuta meno prevedibile e scontata, si è smarcata da un'ostinata tensione verso la presunta perfezione formale strenuamente voluta a costo di eludere il contesto storico-geografico di nascita. Formare il profilo gustativo di un vino, affidandosi a connotati più agricoli che enologici, innesca una necessaria riflessione sui parametri usati nella valutazione. Collegare il vino alla sua origine significa pensarlo frutto di una relazione tra uomo e terra, inserirlo nel solco millenario dell'agricoltura e cercare di comprenderlo secondo un criterio nel quale l'aspetto estetico si amplifichi di valori alimentari. Per fare questo, però, la degustazione come ci è stata insegnata ha il fiato corto. Le pagine che seguono vogliono suggerire una nuova gestualità che permetta l'incontro gustativo con le varie forme di complessità che il vino ci dona.

Sentire e percepire

Giova al proseguimento della lettura evidenziare la sottile differenza tra sensazione e percezione. A tale proposito riprendo, pari pari, le definizioni di *Il piacere del vino*[5], libro maestro della degustazione, più volte pubblicato da Slow Food Editore.

> La **sensazione** è il processo automatico attraverso il quale gli stimoli sono scoperti e codificati. È la risultante della stimolazione dei recettori sensoriali e della loro trasformazione in messaggi neurali ricevuti dal cervello. È la sensazione che ci dice, quando mettiamo in bocca una sorsata di spumante, che siamo in presenza di una sostanza liquida, un po' acidula, che pizzica leggermente le mucose.
>
> La **percezione** è il processo mentale che ci permette di organizzare e interpretare le sensazioni, utilizzando la coscienza, l'esperienza, la memoria. È la percezione che ci permette di identificare quella sostanza liquida, acidula, pizzicante come un vino spumante, sulla base della nostra memoria gustativa e delle informazioni che già possediamo al riguardo.

---

5. Paola Gho, Giovanni Ruffa, *Il piacere del vino. Come imparare a bere meglio*, Slow Food Editore, Bra 2016.

2.1 Tra liquido e solido

Separare le percezioni di un liquido complesso ottenuto dall'insieme di elementi quali il clima, la terra, l'uva e il lavoro umano: questo è arrivato a noi dagli insegnamenti di una scuola più che autorevole. La tecnica di degustazione affermatasi a livello mondiale si origina a metà del secolo scorso grazie ai contributi di enologi che, di fatto, hanno costruito la storia stessa del vino nel mondo. Nomi come Pascal Ribéreau-Gayon, il cui trattato di enologia[6] ha formato e ancora forma generazioni di tecnici, o il celeberrimo direttore della facoltà di Enologia dell'Università di Bordeaux Émile Peynaud, il quale, oltre a definire il ruolo della fermentazione malolattica, è autore del manuale di degustazione forse più citato al mondo[7], sono ancora tra i punti di riferimento dell'enologia internazionale. Il loro merito, assieme a quello di altri insigni studiosi, è avere approfondito i meccanismi neurofisiologici della degustazione al fine di sviluppare la tecnica di assaggio alla base della professione di enologo. Alla loro opera vanno aggiunti i fondamentali lavori di enologi e studiosi volti alla formalizzazione del linguaggio descrittivo dei vini.

Il complesso grafico triangolare, proposto dall'enologo francese André Vedel per definire la

6. Pascal Ribéreau-Gayon, *Traité d'oenologie*, Beranger, Paris-Liège 1947 (trad. it. *Trattato di enologia*, Edagricole, Bologna 1957-2007).
7. Émile Peynaud, *Le goût du vin*, Dunod, Paris 1980 (trad. it. *Il gusto del vino: il grande libro della degustazione*, Aeb, Brescia 1983).

struttura del vino, e la ormai comune Wine Aroma Wheel (ruota degli aromi del vino), ideata dalla professoressa dell'Università di Davis in California Ann Noble, sono schemi generali per tentare di catalogare in un universo finito, gustativo e grammaticale, l'imprevedibilità del contatto tra il corpo fisico e il liquido alcolico. Misurare il vino secondo categorie precise, limitandone le innumerevoli possibilità espressive, ha la sua ammissibilità nella ricerca specialistica; questo approccio si è però esteso nel campo della didattica per approdare alla divulgazione, ambito nel quale la letteratura angloamericana si è distinta con successo.

La degustazione, così come la pratichiamo oggi, ha preso spunto dal sapere tecnico e la sua applicazione è stata filtrata dalla metodologia creata dagli scienziati. Siffatta origine potrebbe avere influenzato il rapporto odierno del pubblico con il mondo del vino. Da una parte ci sono gli appassionati, titolari dei codici di accesso alla discussione enologica, dall'altra ci sono coloro che, pur bevendo, non hanno la possibilità di descrivere le sensazioni ricevute poiché non posseggono quel linguaggio pseudotecnico di derivazione scientifica. Eppure entrambi gli schieramenti sono dotati del medesimo strumento di percezione: il palato.

La tecnica di degustazione, ampiamente diffusa nel mondo, prevede tre momenti separati di valutazione. Il giudizio su un vino si formula attraverso la scomposizione in tanti pezzetti delle sue parti costituenti. Il colore, i profumi e il gusto sono setacciati da occhi, naso e bocca che si comportano come segugi sulla scia della preda bramata. Ogni componente è valutata singolarmente, poi assemblata di nuovo in un riassunto finale che dovrebbe fornirci la lettura esatta di ciò che proveremo bevendo. La natura strettamente analitica di tale degustazione balza agli occhi sia nella sottovalutazione degli elementi geografici, storici e umani che hanno concorso a riempire il bicchiere, sia nell'ansia scientifica di definire e controllare ogni singolo particolare che, ricordiamo, proviene dalla variabilità dei cicli naturali, dalla vocazione del luogo originario e dalla bravura del vignaiolo.

I tre momenti distinti di valutazione, reiterati con la medesima cadenza in ogni occasione di assaggio, diventano un'esperienza gustativa nella quale il sapore rappresenta l'appendice della conoscenza complessiva, passata prima attraverso il gradimento degli occhi, poi per il filtro sospettoso del naso. In questo modo, prima di esprimere la sua essenza originale, il vino ha già attivato tutti i nostri campanelli di allarme e le aspettative, positive o negative, riversate nel bicchiere.

La degustazione così costruita ha portato a una sorta di estetica del tecnicismo, espressa nell'ansia dell'assaggio, che ha contraddistinto la critica del passato e ancora domina l'attuale discussione sul web. Se le concentrazioni del colore, le intensità speziate dei profumi e le morbidezze gustative evidenti – tutta merce fabbricata ad arte in qualsiasi denominazione dagli enologi di turno – hanno imperversato per anni nel panorama internazionale è perché bere vino è stato relegato a un ruolo minoritario nella valutazione qualitativa rispetto all'analisi tecnica. La degustazione ideata dai maestri dei dottori di vino è stata posta al servizio di un vino concepito come prestazione piuttosto che come espressione geografica, culturale e umana.

Nel 2001 Gil Morrot, Frédéric Brochet e Denis Dubourdieu, della facoltà di Enologia dell'Università di Bordeaux Segalen, misero in piedi un esperimento molto interessante. Proposero a una cinquantina di studenti del corso di Enologia, non professionisti ma sicuramente futuri degustatori tecnici, una doppia sessione di assaggi. Nella prima fecero degustare vini rossi e bianchi di origine bordolese; attraverso le schede di degustazione compilate in questa fase della sperimentazione formularono una sorta di glossario descrittivo del vino che distribuirono nella seconda sessione, svolta in un altro momento, pregando di usare quei descrittori per i vini in esame. Il bello è che nell'ultima degustazione i rossi già assaggiati erano stati sostituiti da bianchi colorati con enocianina, un colorante naturale dell'uva a bacca rossa. Ebbene, i medesimi studenti usarono per i finti rossi gli stessi vocaboli espressi per quelli veri della volta precedente. Morrot, Brochet e Dubourdieu condussero la prova per esaminare il linguaggio della degustazione e le relazioni, molto interessanti a dire il vero, tra il colore e il descrittore usato. Oltre a ciò, l'esperimento dimostra come una degustazione puramente tecnica sposti il peso della valutazione in ambiti più estetici come colore e olfatto – maggiormente passibili di artifici umani – che sostanziali, riguardanti direttamente l'origine del vino e cioè il grappolo d'uva, avvertibili in bocca in virtù delle sensazioni complesse generate dalla combinazione gustativa tra tatto, gusto e olfatto.

Il caso vuole che proprio un tecnico, e anche tra i più accaniti, abbia segnato un punto fondamentale per un'altra considerazione sul vino. Clark Smith, enologo americano, ha scritto un libro interessante: *Postmodern Winemaking*[8]. L'intenzione del volume è definire il ruolo dell'enologo contemporaneo in un momento storico non troppo favorevole a tale professione. Come l'autore giustamente sottolinea, il liquido a noi tanto caro è una sostanza colloidale, nella quale la dinamica fluida è intessuta da trame solide. Questi tasselli gustativi si originano dalla fermentazione; le coordinate di riferimento per la produzione cambiano radicalmente. «*If wine is a solution, its sensory properties derive from the concentrations of substance dissolved in solution. The greater its concentration in the liquid, the more intense that substance's odor and taste*»[9] (Se il vino è una

8. Clark Smith, *Postmodern Winemaking: rethinking the modern science of an ancient craft*, University of California Press, Berkeley 2013.
9. *Ivi*, p. 21.

soluzione, le sue proprietà sensoriali derivano dalle concentrazioni di sostanza disciolta nella soluzione. Maggiore è la concentrazione nel liquido, più intensi sono l'odore e il sapore della sostanza). Se il vino fosse una soluzione, dunque, la formula qualitativa deriverebbe dalla bilancia di precisione che regola gli ingredienti necessari alla sua composizione attraverso la correzione tecnica in cantina. Niente di più semplice, oggi l'enologia fornisce ogni tipo di coadiuvante per la vinificazione.

Tale visione riduzionista ha segnato per anni la nostra valutazione, portandola all'esaltazione dell'intensità di ogni singolo aspetto diviso rigorosamente dal metodo più diffuso di analisi. In realtà l'essenza del vino non risiede solo nella quantità dei suoi costituenti, quanto nella proporzione che la natura del paesaggio vitato riesce a infondere. Il vino di qualità è l'espressione di una condizione ambientale individuale. I grandi vini di territorio, dalla Borgogna all'Abruzzo, dalla Mosella al fiume Calore in Irpinia, portano all'interno della loro fisionomia il paesaggio che li ha creati. Non è quindi nell'impossibile perfezione che il vino trova il suo compimento, anzi è nel tratto peculiare che il limite geografico impone alla sua realizzazione. Prendendo come riferimento non la potenza ma l'armonia, ne consegue il ruolo cruciale della relazione tra solido e liquido dentro il bicchiere.

Questo rapporto non è soltanto anteriore alla scienza enologica e al suo progresso ma ne rappresenta il principio stesso, appartenendo a un sapere umano in relazione diretta con geografia e gusto. Che cos'è, infatti, quella splendida viscosità che sentiamo in un vino, purché proveniente da un territorio vocato, se non la connessione tangibile con l'uva e il suo paesaggio, geografico e umano, di riferimento? Se siete d'accordo su questo punto, allora è logico che la nostra percezione qualitativa debba tenere conto di elementi nuovi, non solo interni al bicchiere, che a pieno titolo amplifichino la degustazione fino a oggi condotta con occhi, naso e bocca, certo rigorosamente separati, ficcati dentro il bicchiere. Pare strano ma ho la scienza dalla mia parte.

3. Vino mediterraneo

In questo libro, le imbarcazioni navigano; le onde ripetono la loro canzone, i vignaioli discendono dalle colline delle Cinque Terre, sulla Riviera genovese; in Provenza e in Grecia si bacchiano le olive; i pescatori tirano le reti sulla laguna di Venezia; i carpentieri costruiscono barche, uguali oggi a quelle di ieri... E ancora una volta, guardandole, ci ritroviamo fuori dal tempo[10].

Queste parole, così dense, vorrei tanto averle scritte io; invece ne è autore Fernand Braudel che le pone come incipit di *Il Mediterraneo*. In poche immagini lo storico francese ci immerge completamente nel clima del mare chiuso, evocando le civiltà e i mestieri che ne hanno caratterizzato la cultura millenaria. In modo più profondo, però, il sapore del vino si inserisce nell'immenso fluire della storia della viticoltura che è, prima di tutto, storia mediterranea, di una civiltà fondata sul viaggio e sulla contaminazione tra culture.

La vite è uno dei simboli vegetali di un radicamento dinamico delle innumerevoli tappe che l'uomo ha percorso nella colonizzazione delle terre affacciate sul Mediterraneo. Sopravvissuta alle glaciazioni

10. Fernand Braudel, *Il Mediterraneo. Lo spazio, la storia, gli uomini, le tradizioni*, Bompiani, Milano 1985.

dell'era Quaternaria che avevano disintegrato la vegetazione euroasiatica, la vite si è ritagliata uno spazio in una particolare zona tra Europa e Asia definita dai geologi "rifugio pontico"[11]. Come protetti da specifiche condizioni climatiche, in particolare nell'area del Caucaso, a est del Mar Nero, i semi della vite hanno potuto rigenerarsi. Ad Areni, in Armenia, sono stati rivenuti semi di vite e strumenti di vinificazione risalenti a 8.000 anni fa[12].

Il viaggio della cultura viticola inizia con lo scioglimento dei ghiacciai dell'ultima glaciazione e con le conseguenti inondazioni. Le popolazioni costrette a mettersi in moto lungo le vie terrestri portarono la vite come elemento di colonizzazione agricola. Tale evento storico è stato fatto proprio dalla leggenda biblica di Noè che pianta la vite appena sceso dall'arca; tra l'altro, l'arca sembra essersi arenata su uno dei versanti del Monte Ararat che, con i suoi 5.000 metri e più di altitudine, rappresenta la vetta più alta dell'Armenia. In questa peregrinazione iniziata 10.000 anni fa la vite arrivò in Italia nel Neolitico, circa 3.500 anni prima di Cristo, da tre direzioni: da nord per via alpina, dal centro attraverso l'Adriatico, da sud per contaminazione greca. Una volta che l'impero romano acquisì la tecnica di coltivazione e di

11. Cfr. Roberto Colacicchi, Maurizio Parrotto, *Geologia dei vini italiani. Italia centrale*, Be-Ma, Milano 2006.
12. Per conoscere meglio la storia di Areni: Rob de Salle, Ian Tattersall, *Il tempo in una bottiglia. Storia naturale del vino*, Codice Edizioni, Torino 2014.

lavorazione dell'uva la storia del vino europeo ebbe ufficialmente inizio. Nei secoli il progresso tecnico condusse al vino come lo conosciamo oggi. In particolare il miglioramento dei sistemi di conservazione e trasporto e, più tardi, la scoperta dei fenomeni fisico-chimici responsabili delle fermentazioni assicurarono al vino il fascino dell'invecchiamento e la garanzia della continuità qualitativa.

Come abbiamo visto, l'enologia moderna sempre più connessa agli investimenti economici e alla ricettività del mercato ha causato in epoca recente l'inaridimento della personalità del vino, con la progressiva omologazione del sapore, dissipando la diversità stratificata da millenni di viticoltura mediterranea. Sono risultate quindi fondamentali all'attuale affermazione di uno scenario enologico nuovo e maggiormente radicato nelle differenze di ogni singolo terroir vitivinicolo, figure di viticoltori resistenti e convinti delle proprie idee, capaci di costituire in epoca contemporanea sicuri modelli di riferimento per la nuova viticoltura.

Proprio negli anni di maggior diffusione del vino basato sul modello internazionale si sono distinti viticoltori caparbi, testimoni del proprio territorio di origine, la cui inamovibilità agli stili dominanti ha costituito l'approdo per la profonda comprensione della qualità, connessa alla diversità, del vino prodotto. Esempi come quello di Bartolo Mascarello in Piemonte o Emidio Pepe in Abruzzo, tanto per citare due tra le più rinomate sentinelle della qualità mediterranea dell'enologia, hanno costituito un diretto legame al sapore reale del vino che, per un certo periodo, è stato perso di vista nell'illusione di poter scindere la qualità enologica dalla sua triplice matrice: storica, umana e geografica.

Occorreva però che la ricongiunzione con l'origine fosse percorsa fisicamente per poter realizzare vini che mettessero a confronto, nel Duemila, i 6.000 anni di storia della viticoltura con gli ultimi 200 di innovazione tecnologica; Josko Gravner, dalla località Lenzuolo Bianco in Oslavia, Friuli Venezia Giulia, ha attraversato il mare per tornare in contatto con l'inizio stesso della viticoltura mediterranea, compiendo a metà degli anni Novanta un viaggio, appunto storico, umano e geografico, in Georgia. Dopo le più svariate esperienze enologiche, Gravner ha avuto il coraggio di proporre vini, a quel tempo fuori da ogni diffuso canone enologico occidentale, ottenuti dall'affinamento in anfore di terracotta e, per quanto riguarda i vitigni a bacca bianca come nel suo caso la ribolla gialla, vinificati attraverso il prolungato contatto con le bucce. Probabile che il vignaiolo friulano in Georgia abbia trovato la realizzazione di un percorso di ricerca personale, produttivo e umano, dove la qualità ottenuta si riferisce unicamente all'uva e alla minore interferenza possibile nel suo divenire vino.

Dopo l'esperienza di Gravner il mondo viticolo italiano è totalmente cambiato. È come se i vini color ambra usciti dalle mani di Josko avessero sprigionato un'energia compressa da troppi anni in un rigido formalismo, derivato da un asfissiante riduzionismo tecnico. La libertà esecutiva è entrata in sintonia con un movimento agronomico sempre più attento alla relazione salubre tra pianta e suolo collocando l'apice qualitativo della filiera produttiva nell'interazione tra vigna e ambiente circostante. Si potrebbe dire che una maggiore sicurezza sulla qualità delle uve prodotte abbia consentito a una nuova generazione di produttori – la cui preparazione enologica, grazie a esperienze cosmopolite o studi tecnici specifici, è nettamente superiore al passato – di ottenere quell'indipendenza esecutiva prima affidata alle consulenze. Da ciò deriva un concetto inedito di vino territoriale, la cui qualità risiede non tanto nella legislazione delle denominazioni di origine quanto nella capacità di esprimere il suolo di provenienza. Non a caso Gravner partecipò alla prima edizione della manifestazione Critical Wine, organizzata da Luigi Veronelli nel 2003 al centro sociale Leoncavallo di Milano nell'ottica di promuovere una nuova forma indipendente nella classificazione delle zone di origine italiane.

Un altro punto è qui importante sottolineare: la rinuncia all'estetica enologica di massa ha comportato una forma espressiva più aderente al luogo di origine. Il modello unico proposto dalla tecnocrazia degli anni Novanta è così deflagrato in una miriade di profili diversi, tanti quanti sono le innumerevoli e mutevoli combinazioni tra capacità umane, paesaggi e vitigni a disposizione nella penisola. La terra che occupa il centro del Mediterraneo ha così svelato un profondo patrimonio ampelografico, eredità di passaggi millenari e sapienti custodie, che solo la viticoltura consapevole degli anni Duemila ha saputo valorizzare. In definitiva, si è data dignità a quella geografia marginale rimasta tagliata fuori nella corsa all'opulenza e all'equilibrio gustativo, ripieno di dolcezza, così in voga negli anni Novanta. Rimettendo in contatto il vino con il paesaggio, la viticoltura è tornata a essere immersa nel flusso della storia e del contesto culturale.

I vignaioli più sensibili oggi sono alla ricerca di quelle vigne nascoste, magari appartenenti a vecchi contadini, sopravvissute alla voracità dell'imprenditoria viticola. In Maremma, per esempio, Antonio Camillo ha riscoperto vigneti di ciliegiolo di circa sessant' anni. Quest'area di Toscana era stata presa d'assalto a metà degli anni Novanta da tanti imprenditori; la vicinanza al mare e il calore assicuravano quella concentrazione zuccherina delle uve necessaria a ottenere vini potenti e caldi che l'enologo poi avrebbe saputo mettere in equilibrio attraverso pratiche di cantina. Basta vedere il numero dei produttori chiantigiani oggi presenti con centinaia di ettari in quella zona per rendersi conto della portata di quell'esodo viticolo.

Per sua natura il ciliegiolo è un vitigno bisognoso di attenzione. L'acino ha buccia sottile, matura precocemente e la pianta sviluppa una quantità notevole di uva, caratteri insomma che necessitano di attenzione particolare in vigna, di cure che una viticoltura tesa alla meccanizzazione e all'intervento a calendario non poteva garantire. Allora meglio cabernet sauvignon e merlot, varietà più docili e all'origine di vini in apparente relazione con l'agognato modello bordolese del tempo. Il ciliegiolo è rimasto come nascosto nella viticoltura tradizionale, rifugiata nelle parti più impervie del territorio maremmano.

Camillo ha cominciato a conoscere i vecchi proprietari di questi preziosi appezzamenti costituiti da argilla rossa con vigne antiche. In particolare, ha trovato un vigneto situato in località Vallerana Alta, vicino a Manciano, coltivato da Corrado Rovai, anni 82 e Aristeo Rovai, anni 86. Parlando con loro e convincendoli del suo progetto, ha preso in affitto i campi. Le piante trovate sono bellissime; qua e là, si affaccia il mal dell'esca, una virosi particolarmente temuta dai viticoltori che può uccidere la pianta. I proprietari hanno applicato un'antica tecnica contadina: lo spacco. Hanno posto una pietra nel messo del ceppo vitato, spaccandolo, e hanno legato le due parti ricavate. Dalla parte più vecchia di questo vigneto oggi Antonio ottiene un vino di estrema finezza che ha conquistato appassionati, mercato e critica in poco tempo, diventando un modello di riferimento per la viticoltura maremmana.

L'esempio di Camillo è soltanto uno dei casi occorsi in questi ultimi anni. Il nuovo atteggiamento produttivo è tornato a mettere in relazione la viticoltura con le persone e la storia. In Umbria, dove il passaggio secolare di umanità e culture diverse ha avuto un ruolo fondamentale nella formazione dell'attuale assetto socio-economico, è stato possibile ritrovare tantissimi vitigni, radicati poi in altre regioni. Collecapretta, azienda agricola nei pressi di Spoleto di proprietà della famiglia Mattioli, è una delle più accanite custodi di tale biodiversità. Molte sono le varietà presenti in campo, dalle più diffuse data la latitudine, tra cui sangiovese e ciliegiolo, alle più inaspettate come barbera e montonico bianco, capitate chissà come nel Centro Italia. Antonio Camillo e Collecapretta sono solo due esempi di lavoro viticolo artigiano che punteggia il paesaggio italiano storicamente vocato al vino. Sommersa dalla passata omologazione, oggi tale viticoltura sta emergendo rapidamente. Con lei si palesano altri territori e altri vitigni riportati alla luce da una matura coscienza agronomica. La qualità dell'enologia nazionale si evidenzia nel paesaggio minuto costellato da infinite differenze di tradizioni, clima e varietà. Il palato deve accogliere con gioia tale diversità.

4. Energia alimentare

Esistono, quindi, varie forme di energia e ognuna di queste tende a passare da una forma all'altra (più o meno pregiata, secondo le possibili applicazioni). E sono proprio tali trasformazioni a permettere l'utilizzazione delle risorse naturali che, attraverso il lavoro dell'uomo, diventano manufatti[13].

Applicate alla viticoltura, queste parole di Enzo Tiezzi svelano ai nostri occhi l'essenza stessa di un vino: manufatto umano di una trasformazione energetica. Quando beviamo non dobbiamo mai dimenticare che stiamo assumendo energia solare e terrestre modificata. Quanto più, per un vignaiolo, è possibile mantenere questo scambio energetico puro, tanto maggiori saranno la qualità e il benessere che riusciremo a trarre dalla degustazione. Ciò dovrebbe bastare ad affinare l'ottica con la quale osserviamo i filari ordinati di un vigneto.

Vediamo prima di tutto dove si trova la nostra bella vigna rispetto al paesaggio. Le viti amano le colline, questo è risaputo fin dai tempi dei Romani. La

13. Enzo Tiezzi, *Tempi storici, tempi biologici*, Garzanti, Milano 1984 (Donzelli, Roma 2001-2005). Tiezzi è stato uno scienziato italiano, professore di Chimica fisica all'Università di Siena. Il suo pensiero ecologico, l'attività ambientalista e, in generale, la sua sensibilità hanno contribuito a quelle discipline che uniscono pensiero umanistico e sapere scientifico.

collina permette il naturale drenaggio dell'acqua piovana; l'assenza di qualsiasi ristagno è una condizione ideale per la vite che ama spingere le radici in cerca di elementi utili al proprio sviluppo. Su quella italiana, in genere, abbiamo terreni argillosi calcarei con percentuali e morfologie che variano a seconda della latitudine e dell'epoca di formazione geologica.

Difficile trovare uniformità nei suoli italiani: composizioni vulcaniche, sabbiose, granitiche e, laddove i ghiacciai hanno ritirato i loro confini, suoli morenici, solo per citare le composizioni più comuni e diffuse che segnano lo Stivale. La viticoltura di pianura è possibile su terreni completamente drenanti. Ecco perché gli splendidi Lambrusco di Sorbara sono vini di vibrante acidità, dai profumi di rara finezza pur provenendo dalla più piatta pianura immaginabile; il suolo tra i fiumi Secchia e Panaro è composto principalmente da sola sabbia. Secondo gli agronomi francesi Lydia e Claude Bourguignon[14], ai quali questo capitolo deve molto, i grandi terroir enologici prosperano su suoli di composizione perlopiù calcarea come Borgogna, Bordeaux e Langhe. Il resto delle matrici geologiche può ambire a produrre grandi vini di territorio. Per loro la differenza tra vini di terroir e vini di territorio sta nella capacità dei primi di esprimere attraverso la perfezione dell'armonia gustativa ogni singola sfumatura del suolo di origine. Nel secondo caso, invece, si ha più a che fare con ele-

14. Cfr. in particolare *Il suolo. Un patrimonio da salvare*, Slow Food Editore, Bra 2004.

menti identitari esclusivi che definiscono il carattere peculiare del vino. Sono d'accordo con il pensiero dei due esimi agrologi; l'Italia può produrre splendidi vini, la cui espressione non è quasi mai affidata al perfetto equilibrio dei costituenti. Molto spesso un tratto gustativo è più esposto di altri: qui il tannino che si fa sentire, ora l'alcol che tende a scaldare oppure il finale di bocca, spesso, amaricante che i francesi e forse gli americani mal comprendono quando si avvicinano superficialmente alla nostra enologia. Eppure è in queste apparenti discordanze gustative che la viticoltura italiana esprime la sua profonda diversità, quindi il suo fascino e valore. La conformazione geografica del nostro Paese, così come la variabilità delle latitudini e del clima, ha concorso nel sedimentare l'esperienza viticola tramandata nei secoli.

L'agricoltore in Italia ha dovuto sviluppare, in definitiva, maggiore spirito di adattamento ai limiti naturali imposti dal luogo abitato. Varietà scelte per empirismo agricolo, tecniche di coltivazione e vinificazione nascono dal pragmatismo contadino. L'esperienza profonda di un territorio e della sua tradizione viticola porta alla conoscenza dei limiti espressivi, dove per limite si intende l'ultimo equilibrio possibile: in questo contesto emerge il talento del viticoltore.

È proprio dall'estremo equilibrio che scaturisce la preziosa diversità del vino italiano. Sta a noi, dunque, dare valore a ciò che è diverso. Paragono i nostri vini nazionali ai dialetti. Vere e proprie grammatiche all'interno della lingua ufficiale, i dialetti sono d'acchito incomprensibili, ma nel progressivo addentrarsi nell'alveo della comunità che li ha generati e praticati troveremo una potenza espressiva prima sconosciuta e un'aderenza indissolubile con la realtà alla quale si riferiscono.

Torniamo a guardare la vigna. Il colore delle foglie è uniforme; molto bene, pare che le piante siano in equilibrio e la linfa distribuita in modo equo in ogni vite. È il momento di strizzare l'occhio e osservare qualcosa di meno evidente. Affinando la profondità dello sguardo e innescando l'attività percettiva ci accorgeremo delle energie sottili che regolano le relazioni tra la vite e l'ambiente circostante. Lo sanno bene i vecchi contadini che operavano in agricoltura attraverso la pura sensibilità e l'osservazione. Sentivano il tempo. Nella moderna viticoltura è sempre più difficile trovare questo tipo di sapere. Le conoscenze affidate all'osservazione sensibile dello stato atmosferico e geologico di un luogo, unitamente a un bagaglio di tradizioni trasmesse per via orale lungo le generazioni, hanno lasciato spazio a un'agronomia di ritorno, studiata e sviscerata in ogni suo dettaglio, che ha ovviato alle carenze di tali conoscenze sensibili con i mezzi del progresso; non vi è un giudizio in questo, è un dato di fatto.

Eccoci, dunque, davanti alla vigna con i suoi filari ordinati. Abbiamo scelto di essere in primavera inoltrata, con la parete fogliare sviluppata e la fioritura ancora da venire; sotto i filari il sovescio è florido. Una situazione ideale, diremmo, d'altronde l'immaginazione fa miracoli. Ogni singola pianta è posta in relazione con l'altra a distanza regolare. Questo è un artificio dell'ingegno umano: disporre le piante in file ordinate, per lavorarci meglio, ma soprattutto per permettere alla luce del sole di distribuirsi in egual misura su tutte le foglie che lavorano come piccoli pannelli solari. La ricerca del sole è ciò che ha consentito alla vite, pianta davvero ostinata, di sopravvivere e arrivare ai giorni nostri.

Milioni di anni fa era una pianta che si sviluppava al suolo. Secondo le più accreditate opinioni scientifiche si ritiene che circa 63 milioni di anni fa un meteorite sia cascato sulla penisola dello Yucatan sollevando milioni di metri cubi di polvere; per quasi un decennio il cielo si offuscò; le piante furono costrette a proteggere i semi per conferire loro longevità e sopravvivenza. Il risultato fu la conseguente forestazione del suolo terrestre. Per non rimanere soffocata dall'ombra la vite sviluppò i viticci, si arrampicò sugli alberi e cominciò di nuovo a godere dell'energia solare, fondamento della sua esistenza[15].

Non solo, la necessità di riprodursi le rese indispensabile segnalare agli uccelli che i suoi semi potevano essere disponibili al trasporto e alla trasformazione. D'altronde la vite appartiene a quella categoria di piante che si riproducono per seme. Già nella fase primitiva, dunque, possiamo apprezzare due cicli vitali. Il primo è relativo alla formazione embrionale degli acini: in

15. Cfr. Clark Smith, *Postmodern Winemaking*, op. cit., pp. 72-73.

questa fase la vite sviluppa dei veri e propri dissuasori, necessari per proteggere la crescita dei semi e, quindi, la continuazione della specie, come il gusto amaro e acido o la formazione di aromi non troppo evidenti; il secondo corrisponde all'invaiatura, dunque a un colore più marcato, ad aromi coinvolgenti, segnale per i volatili golosi, e alla maturazione degli zuccheri nella polpa.

La vite si è arrampicata da sempre per cercare il sole e lo fa anche oggi mentre osserviamo il suo slancio verticale. Non vi è da stupirsi che tanti viticoltori si relazionino con le piante come esseri viventi: lo sono a tutti gli effetti. Tendere al sole non è solo una ricerca di calore quanto piuttosto un bisogno di luce. Non è un caso che le migliori zone vitate al mondo possiedano più qualità di luce che quantità di calore. La luce è responsabile della fotosintesi clorofilliana, ossia del ciclo fondamentale delle piante per fissare il carbonio, elemento che costituisce la metà dei corpi viventi. La vite consuma anidride carbonica e fissa negli acini, alla fine di un complicato processo biochimico, lo zucchero – sostanza fondamentale alla produzione di vino – sotto forma di glucosio e fruttosio. Ciò che riesce a catturare la luce sono molecole di clorofilla. Il verde struggente che ammiriamo sulle colline vitate nelle sue infinite sfumature è dovuto proprio a questo piccolo, ma gigantesco per importanza, pigmento.

Altrettanto fondamentale per il nutrimento della pianta è il ciclo dell'azoto. Mentre guardiamo il nostro vigneto primaverile notiamo la presenza di leguminose in mezzo ai filari. Tale genere di piante, come la fava per esempio, ha un ruolo magistrale in natura nel fissaggio dell'azoto che sarà scomposto in ammonio prima e nitrato poi dall'attività microbica del sottosuolo. Senza i microbi l'azoto non potrebbe entrare nel mondo vivente. Fa abbastanza ridere vedere vigne lussureggianti di leguminose e, nello stesso momento, diserbate chimicamente sotto fila. Uccidendo i microbi si perde la possibilità di inserire l'azoto nel metabolismo della vite.

Un altro elemento di cui le piante necessitano è il fosforo. A differenza di quelli del carbonio e dell'azoto, questo ciclo avviene soltanto nel terreno. I responsabili dell'elaborazione del fosforo, che vive parte sulle rocce e parte nella materia organica, sono i funghi. Il carbonio, l'azoto, il fosforo, unitamente al potassio, sono nutrienti necessari alla vita del suolo e delle piante. La vite anela la luce ma è legata all'oscura vita del sottosuolo. Assorbire sostanze minerali è fondamentale per la vita vegetale e per garantire l'equilibrio; microbi, insetti e funghi sono quindi essenziali al benessere della vigna. Grazie alle mediazioni della fauna microbica e dei funghi capaci di mettere in relazione il mondo vegetale con i nutrimenti aerei (azoto e carbonio) e terrestri (fosforo e oligoelementi minerali), la vite ha a disposizione una sorta di dispensa alla quale attingere secondo le proprie necessità. Inoltre, il meccanismo di alimentazione è talmente perfetto che la crescita della pianta è garante della fertilità del suolo, grazie a un mutuo scambio di fornitura energetica.

L'avvento dei concimi chimici, a seguito della trasformazione dell'industria bellica dopo la seconda guerra mondiale, ha inciso profondamente sulla struttura e la salute dei suoli. Contando soprattutto sull'apporto chimico di azoto (N), potassio (K) e fosforo (P) l'industria ha garantito nutrimento ma, nel lungo periodo, ha interrotto le connessioni tra le piante e gli ambienti circostanti. Non considerando l'estrema complessità delle relazioni tra il mondo vegetale e quello microbico si è creato un sistema di nutrizione artificiale, di tipo bulimico, che ha causato la perdita di fertilità data da quella sostanza colloidale, ricca di vitalità che è l'*humus*, con il conseguente scadimento qualitativo del prodotto agricolo. Si capisce bene perché l'avvento della meccanizzazione, con aratri molto potenti, e di una chimica incosciente non solo abbiano rappresentato un cataclisma per la bontà della terra coltivabile – attraverso la distruzione delle strutture relazionali tra piante e fauna microbica nel caso dell'aratro, e l'uccisione di qualsiasi forma di vita batterica e di insetti del suolo con i trattamenti chimici – ma abbiano inciso anche sulla qualità stessa dell'uva portata a maturazione.

Fortunatamente il principio dell'osservazione e del rispetto dei cicli naturali sta caratterizzando la viticoltura contemporanea. Il suolo è un argomento sempre più attuale quando si parla di vino. Per la prima volta dalla fine degli anni Ottanta la viticoltura ha affiancato l'enologia nel discorso generale sulla qualità di ciò che beviamo. Diventa così importante avvicinarsi alla degustazione partendo da una base, per quanto non specificamente tecnica, agronomica. Così, se negli anni Novanta abbiamo imparato che cosa sia una barrique, oggi ci dobbiamo interessare alle metodologie che mantengono la fertilità del suolo e lo scambio vitale con le piante. Eccoci, quindi, al punto che deve interessare i bevitori di vino senza pollice verde: un vigneto considerato in relazione vivente con l'ambiente circostante, nel quale la fauna impercettibile sia tenuta di buon conto, è un luogo di origine di uve sane e ricche di qualità. È tempo che la degustazione inizi fuori dal bicchiere per aumentare il piacere di bere e la consapevolezza del rapporto tra noi e il vino.

4.1 Cavoli a merenda

L'energia del sole e del suolo catturata dalle piante si trasferisce nei prodotti della terra. Un lavoro agricolo che rispetti i principi biologici alla base del nutrimento vegetale influenza in modo positivo la struttura degli alimenti. Quando mangiamo o beviamo qualcosa difficilmente siamo portati a pensare alle molecole che compongono l'alimento; eppure la forma e l'orientamento di esse ne determinano il comportamento all'interno del nostro palato. La natura ama le forme, la consistenza e il sapore del cibo dipendono dall'architettura delle molecole al suo interno. È intuibile che un tipo di agricoltura tesa verso il rispetto degli equilibri naturali degli ambienti sia all'origine di una maggiore qualità degli alimenti, gastronomicamente percepibile. Pur soggetto a trasformazioni piuttosto complesse, naturali e indotte dall'uomo, il vino di qualità deve esprimere quei principi alimentari in grado di arrivare alle forze vitali del nostro corpo. Per cogliere l'integrità alimentare in un vino si deve sviluppare una vera e propria sensibilità gastronomica. Il vino è un'opera artigianale; il "saper fare" è importante tanto quanto il "saper lasciare andare".

Gli alimenti che meglio manifestano il legame con le forze vitali del suolo sono le verdure. Grazie a loro ho affinato la sensibilità gastronomica nel bere vino. Nella piana lucchese formata dagli antichi alvei del fiume Serchio, i suoli limosi sono tradizionalmente vocati per gli ortaggi. Il Morianese è una delle zone tipiche della Lucchesia, in cui i vecchi ortolani coltivavano frutta e verdura da vendere al mercato di piazza Anfiteatro, dentro le mura di Lucca. Qualche anno fa Federico Martinelli ha cominciato a fare l'ortolano, mestiere già praticato dal nonno, proprio nel Morianese, più precisamente a Saltocchio. Assieme alla moglie Elena Girelli ha avviato un agriturismo molto bello, non troppo vicino ai campi, nella Valfreddana, valle che separa Lucca dalla Versilia. Naturalmente Federico non porta, come faceva suo nonno, i prodotti in città – tra la piana fertile dei campi intorno al centro storico e le mura è stata costruita, con fine strategia, una cintura di supermercati, tra i quali domina Esselunga con la Coop subito dietro – ma l'azienda si affida ai mercati contadini, ai Gruppi di acquisto solidale (Gas) e al ciclo chiuso, visto che tanta verdura è utilizzata per la ristorazione interna all'agriturismo. Una delle caratteristiche che distingue Nicobio – così si chiama l'azienda – è che fin dagli inizi si è deciso di lavorare i campi con metodo biodinamico.

La biodinamica è una pratica agronomica che, partendo dai principi dettati dall'antroposofo Rudolf Steiner ai primi del Novecento, ha sviluppato un metodo pratico che si è diffuso nel mondo agricolo, specialmente negli ultimi vent'anni. Oltre a non ricorrere a chimica di sintesi, Federico utilizza dei preparati in grado di rivitalizzare il suolo e coadiuvare l'attività fotosintetica.

Ciò che a me interessa sottolineare è che la sua verdura ha risvegliato nel mio palato delle percezioni sopite. I pomodori hanno una consistenza diversa al tatto gustativo ed emerge la qualità della tessitura; non vi è alcun paragone con quelli del supermercato. La bietola e i cavoli, in cottura, sviluppano effluvi balsamici e la loro fibra è croccante. L'esperienza alimentare unisce il piacere gastronomico con principi vitali che piano piano, nella continuità dell'assaggio, stabiliscono un paradigma gustativo da cui non si può tornare indietro. In pratica, grazie a quel tipo di qualità, ho cominciato a bere vino tenendo conto di principi alimentari che nulla tolgono all'estetica della degustazione, ma anzi arricchiscono il sapore di una fibra vitale che amplifica e completa il piacere di bere. Si tratta soltanto di cominciare a porre l'attenzione, come fanno tutti i gastronomi, sulla permanenza del vino dentro la nostra bocca. L'approccio gastronomico al vino si riferisce alla comune sensibilità verso le cose buone ed è la condizione di partenza per sviluppare la piena comprensione dell'assaggio. Come dice Federico quando beviamo insieme qualche bottiglia al mercato, il sabato mattina, «Io bevo con lo stomaco». Ha ragione.

1

2

3

Il paesaggio vitato è il primo elemento di qualità che possiamo valutare. La vite ama la collina e la sua tendenza alla ricerca del sole è un'attitudine sviluppata in centinaia di migliaia di anni. Per prosperare la pianta ha bisogno di luce e di vita nel suolo. L'esperienza secolare dell'uomo ha collocato la viticoltura nei paesaggi a lei più consoni.

L'energia del sole e la microbiologia del suolo sono racchiuse nel grappolo d'uva, sintesi perfetta delle relazioni aeree e terrestri della vigna. Nella sua evoluzione la pianta maturava i grappoli per attirare gli uccelli, favorire la dispersione del seme e, quindi, la propagazione della specie. Compito del vignaiolo è ottenere grappoli il più possibile sani.

L'acino è il nodo che tiene legato il vino alla terra. In esso ritroviamo tutti gli elementi del paesaggio che in forma liquida e alcolica sapranno emozionarci. Nella buccia sono contenuti i tannini e le sostanze coloranti, nella polpa gli zuccheri e gli acidi, nei semi ancora tannini, così come nei raspi che occorrono in certe vinificazioni.

4

5

6

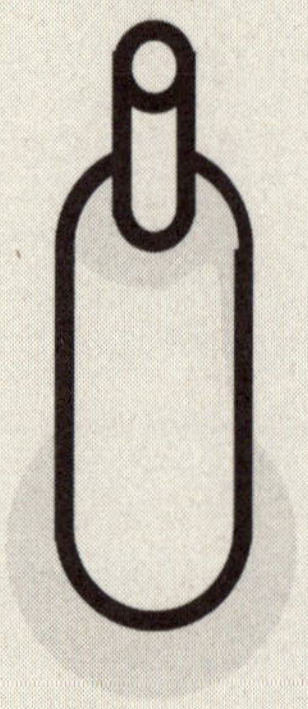

Il mosto ottenuto dalla pressatura dei grappoli maturi attraverso la fermentazione alcolica diventerà vino. Si tratta di un processo che, nonostante l'enorme tecnologia applicata, riserva ancora sorprese e misteri anche al più aggiornato degli enologi. Risulta fondamentale il ruolo della buccia per ottenere vini saporiti e ricchi di aromi.

Il vino affinerà secondo le leggi vigenti e la sensibilità del vignaiolo. I materiali in cui si sceglie di vinificare sono tra i più disparati. Il legno è il più diffuso storicamente e quello in grado di incidere sul sapore del vino. La scelta delle dimensioni e della tipologia del legno è dettata dalla tradizione esistente e dalle intenzioni del vignaiolo.

Poco si pensa all'importanza della permanenza in bottiglia. Il vino può rimanere lì un niente o anni. Per certi versi, una volta nel vetro, il vino inizia un'esistenza indipendente dalla volontà produttiva. È importante conservare le bottiglie in cantina a temperatura e umidità idonee e costanti e, per chi ci crede, al momento della stappatura volgere lo sguardo al cielo.

7

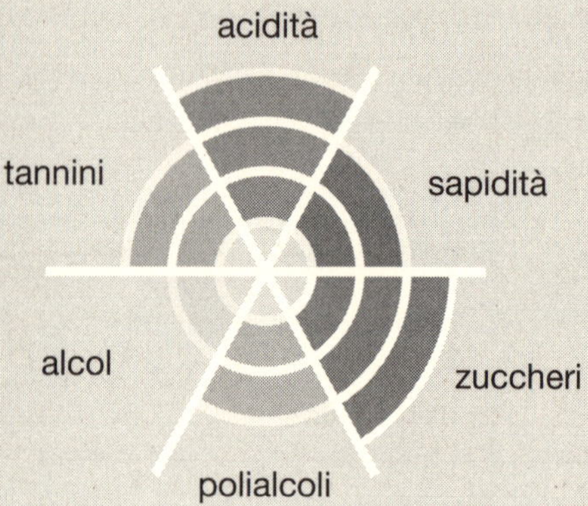
acidità
tannini
sapidità
alcol
zuccheri
polialcoli

8

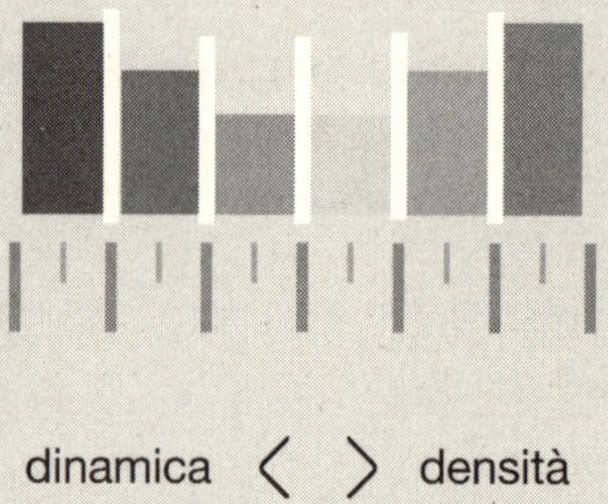
dinamica < > densità

9

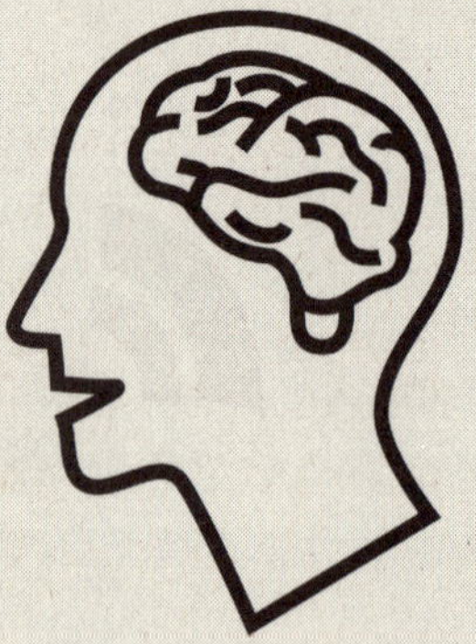

Il vino non è una soluzione (potrebbe essere la soluzione) ma un liquido di natura colloidale. Ogni sua componente, presente nell'acino o frutto della fermentazione, risponde a una precisa caratteristica del luogo di origine. Non esiste quindi un equilibrio valido per tutti i vini, ma un'identità variabile dipendente da fattori geografici, umani e contestualizzati all'andamento climatico annuale.

Ogni vino nato dal rispetto del territorio di orgine esprime il carattere della leggerezza gustativa. Essa è definita attraverso la spinta dinamica del liquido, in equilibrio tra la viscosità della materia e la capacità di generare succo. Nell'attrito tra densità e spinta si genera il sapore, il quale non dovrà mai ostacolare la bevibilità del vino stesso.

Il sapore del vino si genera nel cervello. Dal punto di vista gustativo la centralità dell'esperienza avviene nel palato, dove le percezioni tattili, gustative e odorose si intrecciano con il vissuto, la memoria e le aspettative di ognuno di noi, generando il giudizio complesso. La degustazione è un'esperienza multisensoriale.

5. Bere la complessità

Il modello analitico creato dai tecnici e diffuso dalla cultura anglosassone concentra tutta la sua attenzione su tre fasi, guidando il piacere attraverso un'esemplificazione nozionistica dell'esperienza. Lo scopo di queste pagine, al contrario, è creare consapevolezza, non fornire nozioni.

La prima cosa da apprendere nella degustazione è che il vino non può essere scomposto. Esso vive della stessa natura che lo ha generato. L'uva è materia prima, la tecnica umana arricchita da millenni di esperienza e progresso trasforma l'energia racchiusa nei grappoli in vino. La conquista di una nuova fiducia nella naturalezza espressiva ha garantito per la viticoltura europea la liberazione dai modelli enologici dominanti. Le migliori conseguenze si apprezzano nella rinnovata aderenza territoriale delle esecuzioni enologiche e nella liberazione del sapore del vino. Immergersi nella cultura mediterranea, prendere confidenza con la vitalità del paesaggio vitato sono passi essenziali per apprezzare il vino e sperimentare la gioia del bere. Pensato come soluzione, il vino impone la sua percezione qualitativa nella ricerca dell'intensità formale, come abbiamo visto nel secondo capitolo; considerato invece quale liquido colloidale, la cui struttura racchiude all'unisono gli elementi tattili, le sostanze odorose e i pigmenti coloranti, la sua espressione gustativa sarà in relazione con elementi sia interni sia esterni al bicchiere. Tale complessità relazionale può essere apprezzata attraverso il gesto più semplice del mondo, quello di portare il vino alla bocca e bere.

5.1 Dal gusto alla leggerezza

Apprezzare la complessità di un vino attraverso il gusto è un compito fisiologicamente abbastanza semplice. Il palato riesce a percepire soltanto cinque sapori fondamentali: l'amaro, il sapido, l'acido, il dolce e l'umami (quest'ultimo, a chi scrive, non è mai capitato di sentirlo nel vino). Le sensazioni innate si intrecciano con gli stimoli tattili come l'astringenza tannica, la sensazione emolliente dei composti alcolici o, talvolta, la pungenza delle bollicine. Non è un'impresa così difficile per la bocca; la cucina stimola ben altre articolazioni, gli alimenti e la loro trasformazione coinvolgono il gusto in modo molto più complesso.

Il ristorante Endo Tempura di Kyoto, per fare un esempio, prepara un piatto in cui la sensazione delicatamente dolce e untuosa della tempura si alterna all'acidità e all'umami della zuppa di miso e velo di zenzero, fino alla scossa del fiore elettrico di Sichuan tritato e al morso verticale, che si inserisce tra occhi e naso, del wasabi. Un'esperienza gustativa tridimensionale, alla quale ho partecipato, tale da fare impallidire il più antocianico dei Montepulciano d'Abruzzo. Forse è proprio per la sua essenzialità gustativa che il vino traduce in modo cristallino l'essenza di un territorio riverberato dalla tipologia di uva vinificata.

La complessità nel vino, lo ribadisco, si deve a fattori che dal punto di vista gustativo rappresentano tonalità, ora accese ora in controluce, delle medesime variabili; da quello cognitivo, invece, si dipanano i più svariati campi esperienziali. A differenza di quanto si riteneva fino a qualche tempo fa, anche nei manuali di degustazione successivi al già citato *Il gusto del vino* di Peynaud, la scienza ha dimostrato che non esiste una collocazione esatta delle quattro o cinque sensazioni gustative possibili per il vino[16]. Tali impressioni in realtà sono intrecciate e ciò che ricaviamo è una sorta di riassunto generale della stimolazione complessiva. In fondo il gusto è un corredo che accomuna tutti. Il palato di un degustatore appassionato, di un enologo o di un critico è lo stesso di chi non riesce ad abbandonare il vino fatto in casa dalle proprie vigne; ciò che cambia è l'esperienza. Proprio per questo è sempre utile ascoltare le impressioni fissate nella memoria di bevitori

16. La localizzazione sbagliata dei sapori fondamentali sulla lingua si attribuisce alla traduzione inglese dello psicologo Edwin G. Boring che nel 1942 riportò un testo tedesco di inizio Novecento. Nonostante la confutazione da parte della scienziata Virginia Collings nel 1974, ancora oggi si persiste nell'errore.

esperti che si affidano ai ricordi vinosi maturati nell'epoca che ha preceduto l'accanimento tecnico.

La vicenda di Giulio Gambelli[17], celebre maestro assaggiatore, insegna molto al riguardo. Senza alcuna preparazione tecnica, solo attraverso il suo palato sensibile, Gambelli riuscì a diventare uno dei più noti enologi toscani, autore di vini che ancora oggi rappresentano il paradigma e il punto di arrivo del Sangiovese in purezza. Certo, questo è il caso di un talento eccezionale ma io ricordo quanto ho imparato da alcuni lucidi avvinazzati che frequentavano i bar del paese quando provavo a fare assaggiare loro i mostri sacri degli anni Novanta, tutti concentrazione e dolcezza. Il loro giudizio istintivo era basato su principi alimentari che tenevano conto della digeribilità di ciò che mettevano in bocca. Se pure elementare nella conoscenza enologica, il loro palato sapeva riconoscere l'equilibrio gastronomico di un vino. Proprio l'istinto alimentare precedente l'esperienza, promanato dalla cultura in cui siamo immersi, deve rappresentare il punto di partenza di una nuova degustazione che prenda come riferimento la bocca in quanto luogo principale dell'espressione qualitativa di un vino.

Accanto alle sopracitate sensazioni gustative la bocca è in grado di percepire impronte tattili legate alla presenza del vino. Astringenza dovuta ai tannini, morbidezza e sensazioni caloriche indotte dall'alcol e dai suoi composti, causticità legata all'acidità (ma an-

17. Cfr. Carlo Macchi, *Giulio Gambelli. L'uomo che sapeva ascoltare il vino*, Slow Food Editore, Bra 2016.

che all'alcol stesso) o, addirittura, dolore gengivale per la temperatura di servizio sono conseguenze collocabili nel mondo tattile del gusto. Il connubio tra gusto e tatto forma il corpo del vino. Dalle labbra fino in fondo al palato il vino compie un tragitto che deposita l'essenza della materia, la cui composizione viscosa incrocia dinamica – l'incedere verticale dettato dalla forza acida o da una minore concentrazione di materia – e tendenza statica, determinata dall'opulenza dovuta ai composti dell'alcol o a un'eccessiva estrazione della materia. In questo rapporto di due forze opposte si riconosce il primo tratto della qualità di un vino.

Un vino di terroir o di territorio non avrà mai un'espressione statica ma riuscirà a percorrere con estrema facilità il palato, senza per questo risultare fugace e poco complesso. La vocazione di un paesaggio, infatti, si traduce in un equilibrio, insito nel grappolo, tra zuccheri e sostanze fenoliche. La trasformazione in vino dovrà rispettare queste caratteristiche e sarà prova del talento del viticoltore esaltare la complessità nell'essenzialità del gusto.

Il primo tratto qualitativo di un vino è quindi la leggerezza dinamica, che chiaramente deve essere proporzionata alla concentrazione naturale delle uve di origine. Non si può certo pretendere da un Montepulciano d'Abruzzo la stessa dinamica di un Nebbiolo. La leggerezza ha un sacco di vantaggi. Il primo è quello di mettere rapidamente in relazione parti della bocca che donano stimoli diversi. L'astringenza tannica, percepita in modo principale sulle gengive, viene così equilibrata dalla salivazione in carico all'acidità. Un altro vantaggio è connesso a un principio alimentare: un vino che non eccede in pesantezza dona digeribilità e invita maggiormente al cibo. Inoltre, nella levità dell'espressione gustativa è più facile rintracciare elementi del gusto connessi direttamente con l'uva e il territorio di partenza, come tannini, acidità, traccia sapida e calore alcolico.

Ricapitolando, leggerezza non vuol dire semplicità ma essenzialità. Leggerezza in definitiva non significa nemmeno equilibrio. Il concetto di equilibrio nel vino è una chimera enologica. Proprio perché ogni vendemmia e ogni luogo vocato donano uve diverse, così come diversa è la sensibilità che le trasforma, evidenziando quell'idea di limite espressa in precedenza, tale varietà costituisce il fascino reale del bere. In particolare, ogni piccolo contrappunto gustativo, connesso alla natura colloidale del vino, può rivelare molto del paesaggio geografico e umano che lo ha generato. Quasi per antonomasia il vino italiano si connota per il corredo mai nascosto dei tannini che, oltre al sostegno della materia, donano il gusto amaro così vicino alla nostra cultura alimentare. Lydia e Claude Bourguignon, per esempio, sostengono che l'amaro sia un gusto propriamente italiano, poiché i nostri suoli sono ricchi di magnesio che conferisce tale carattere agli alimenti. Al contrario di altri popoli, gli italiani sviluppano con la maturità la predilezione per il gusto amaro; è molto affascinante pensare che una ragione geologica sia all'origine di un tratto antropologico condiviso.

5.2 Dalla leggerezza dinamica al sapore complesso

La leggerezza, proporzionata alla struttura dell'uva di partenza, garantisce la trasparenza gustativa. Per arrivare all'esperienza complessa di ciò che si beve, però, occorre che gli stimoli gustativi, propriamente alimentari, siano presi in considerazione con il sapore del vino. Esso entra in gioco nell'espirazione dei profumi liberati all'interno della bocca, donando all'aspetto gastronomico la suggestione della memoria olfattiva e intellettuale. Questo tipo di olfatto è detto retronasale. Adesso possiamo sentire tutta la complessità potenziale del vino. Infatti, il sapore si libera dalla materia e viene percepito attraverso i ricettori olfattivi evidenziando il più possibile l'essenza del liquido e, quindi, la sua verità. È in questo momento che si perde l'assaggio dei miei illuminati avvinazzati. Il loro istinto li guida fino al valore alimentare; laddove, invece, è necessaria la consapevolezza delle esperienze passate per trovare analogie, diversità, eccellenze e originalità, territori e uomini, esso si blocca. A dire il vero si ferma in questo punto, o meglio, difficilmente vi arriva anche la tecnica analitica fondata da illustri enologi.

Nell'assaggio suddiviso per momenti, quello gustativo è il più delle volte condizionato dall'esame visivo e olfattivo. Costituisce invece il vertice dell'esperienza, nella quale la qualità dell'alimento si completa dell'emozione dei profumi. Tale condizionamento ha causato non poche difficoltà ai viticoltori contemporanei. L'originalità dei profumi espressi o la naturale ritrosia di certe varietà vinificate sono state per molto tempo malintese per un orientamento della degustazione teso alla sottovalutazione dell'unità complessa del vino.

Il secondo elemento qualitativo del vino è la finezza del sapore. In esso si concentrano gli elementi della vocazione paesaggistica, della sapienza umana e della variabilità delle stagioni. Nel bicchiere si ricompongono all'unisono le caratteristiche dell'uva di partenza. È nello stesso tessuto gustativo che ritroviamo i colori, la struttura e i profumi la cui qualità rimanda direttamente all'origine del vino.

I grandi vini della terra riescono nel compito dell'espressione essenziale e complessa. Pur inconsapevole, un buon palato, vale a dire un palato abituato al principio gastronomico dell'alimento, difficilmente dimentica la grazia del sapore infiltrante, speziato e agile di uno Chambertin di Armand Rousseau. Lo sa bene il mio caro amico Leonardo Saponati, tra i migliori avvinazzati illuminati che conosca. Quando in un pranzo, tra cento bottiglie stappate, cominciò a strabuzzare gli occhi e a cercare quel rosso che lo aveva folgorato, lo vidi alzare proprio la bottiglia portata da uno dei nostri facoltosi amici. Non si è più ripreso e vi assicuro che, in mano sua, il vino difficilmente passa i tre momenti canonici dell'assaggio analitico.

IL PERCORSO GUSTATIVO

In bocca il vino interagisce con i sensi. Si tratta di un momento importantissimo che necessita della massima concentrazione nel caso si degusti in maniera professionale. Nella sua simultaneità il liquido scandisce le sensazioni sul palato in una progressione cadenzata dal grado di consistenza della viscosità. Gli stimoli iniziano nella parte anteriore del palato per diffondersi, grazie al movimento della lingua, in tutta la bocca. Mentre il vino è rigirato nel cavo orale, la respirazione produce il sapore. In questo momento gli stimoli odorosi, gustativi e tattili si uniscono, grazie alla percezione, ai livelli cognitivi e vitali distribuiti nel nostro corpo. Gli aromi salgono verso la memoria e il gusto si fissa al palato che, nel caso di vini fini, si esprime con sensazioni di succosità, pulizia e benessere generale.

L'elemento alimentare della degustazione traduce l'energia del liquido. Per comprendere questa sensazione occorre essere dei gastronomi più che degustatori. Si tratta di uno stato fisico che, oltre a invadere il corpo e la coscienza, reca piacere diffuso. Il dettaglio degli elementi che concorre all'espressione gustativa è messo in secondo piano per lasciare spazio all'esperienza personale. L'insieme di conoscenze maturate grazie alla passione, unitamente alle competenze gastronomiche e alimentari acquisite, innesca il piacere amplificato di bere.

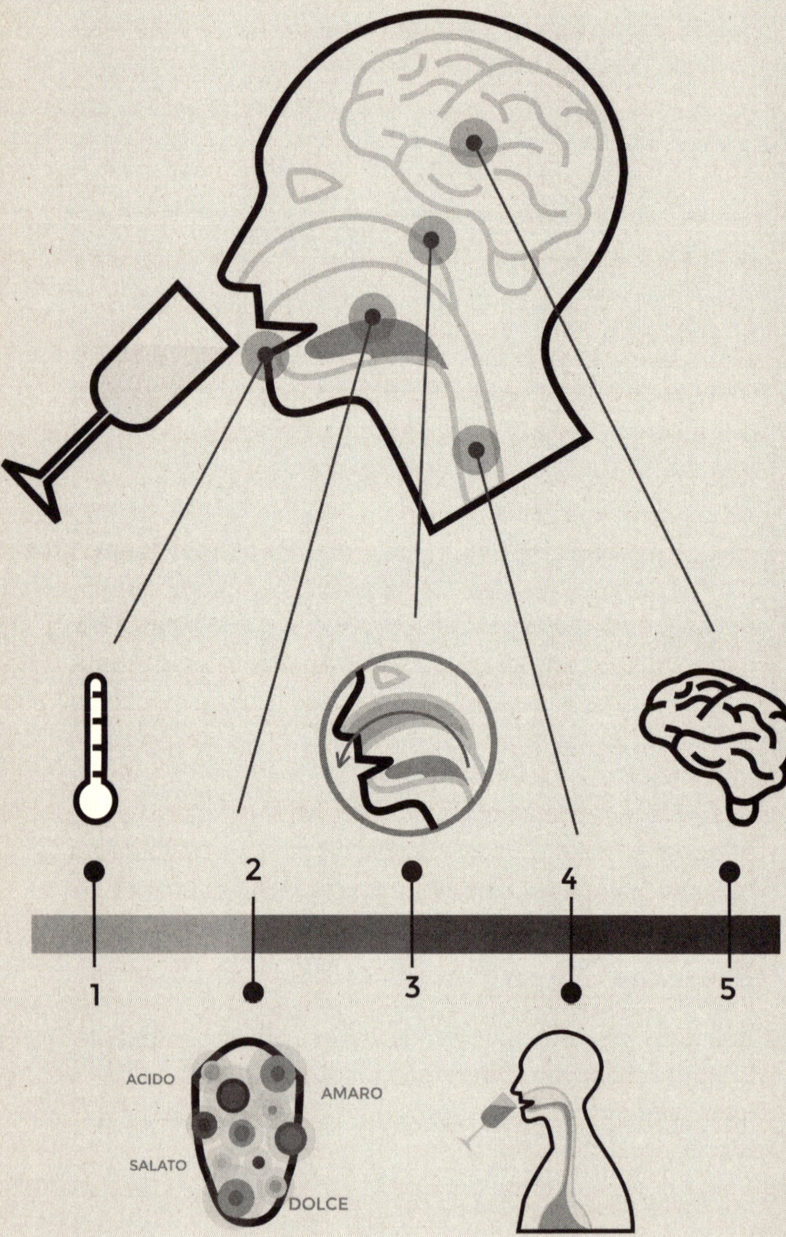

1
2
3
4
5
ACIDO
AMARO
SALATO
DOLCE

Per chi beve vino è più facile arrivare vicino al nucleo originale del sapore, proprio perché spinge il vino laddove chi sputa non può arrivare. Nel caso dei vini rossi la finezza degli aromi si fissa nella qualità tattile dei tannini in un lungo abbraccio; nei vini bianchi, invece, la sensazione è di un succo saporito che permane in bocca. La deflagrazione della materia vinosa nella parte più profonda della bocca rappresenta il dettaglio della qualità come una scia consistente di sapore che ha il suono dei fuochi d'artificio una volta svanito il lampo luminoso.

1

L'ingresso muta la condizione della bocca; si avvertono la temperatura e il peso della materia. Il vino inizia la sua dinamica occupando il palato attraverso gli elementi che lo compongono. L'attacco liquido suggerisce la sua costituzione. Un ingresso largo, caldo e avvolgente indica vini di corpo e struttura alcolica; l'inizio dritto con la subitanea reazione salivare rivela vini acidi e di fisionomia slanciata.

2

La permanenza attiva del liquido nel centro bocca coincide con l'effettivo riscaldamento in virtù della temperatura corporea. È necessario muovere la lingua in modo da distribuire la materia su tutto il palato e interessare la moltitudine delle papille gustative distribuite in vario modo nella nostra bocca. È un istante cruciale nel quale alle sensazioni gustative e tattili si unisce, con l'avvicinamento alla faringe, l'olfatto retronasale. Il nucleo del sapore si manifesta in questo momento.

3

Mentre il vino è in bocca, i tannini entrano in contatto con la saliva favorita dall'acidità; la ptialina è l'enzima che legandosi al tannino reca la sensazione asciutta e ascrivibile al tatto. L'astringenza che ne consegue ci indica la finezza tannica del vino. Acidità e tannino rappresentano la spina dorsale dell'esperienza gustativa, mentre l'alcol e i suoi composti sono responsabili del carattere morbido ed emolliente. La spinta verticale dettata dalla spina dorsale innerva il carattere avvolgente della morbidezza, donando equilibrio. In questo attrito dinamico si concretizza la viscosità.

4

Ubbidendo alla spinta il vino verrà deglutito o, nel caso delle degustazioni seriali, volgarmente sputato. Il vino nasce per essere bevuto, si può tranquillamente dire che la degustazione professionale si basa sulle impressioni, non sulla compiutezza dell'esperienza. A ogni modo, la parte finale del percorso alcolico riguarda la traccia lasciata dal vino nella nostra bocca: questa traduce l'energia della materia e le impressioni che il palato eredita dal passaggio del liquido.

5

Attraverso il ricordo aromatico e l'eredità gustativa si valuta la qualità peculiare di un vino. I degustatori potranno iniziare a istruire sulle annate, sulle zone vocate, sulla mano del vignaiolo e sui paragoni dettati dalle vicende del proprio vissuto; i bevitori sapranno se il vino possiede quel carattere gastronomico che invoglia a rinnovare l'incontro. A unire due categorie in apparenza inconciliabili interviene la bevibilità che, sottovalutata per anni, è tornata a essere uno degli elementi che caratterizzano la qualità del vino. Alcuni pensano si tratti di moda passeggera. Al contrario, la leggerezza rappresenta uno degli elementi identificativi più lampanti per definire l'eccellenza di un alimento.

5.3 Profumi e colori

Se il gusto è innato, i profumi sono appresi. Fin da piccoli impariamo a riconoscere grazie al naso aromi che si fissano nella memoria. Ognuno di noi ha nella propria dispensa olfattiva una serie indecifrabile di memorie odorose che connettono il presente con il passato, come quando guardiamo una fotografia. È qualcosa di bello, senza dubbio.

A me succede ogni volta che in famiglia prepariamo la pasta fresca. Il profumo dell'impasto sulla tavola di legno mi riporta all'infanzia, quando osservavo, la vigilia di Natale, mia nonna che preparava i tordelli per il pranzo del giorno dopo. Oppure mi accade di cercare l'odore delle foglie fradicie di un noce sull'erba. Raramente lo trovo, ma quel sentore umido mi ricorda il campo da calcio che ho calpestato per anni in gioventù. A contorno del rettangolo erboso erano posti una serie ordinata di noci i quali, nel mutare delle stagioni, richiamavano la loro austera presenza con profumi diversi. A parte mangiare ogni tanto le noci cadute dai rami, allora non badavo quasi mai a loro e ora, da adulto, quel profumo così cercato rappresenta un ricordo quasi commovente.

Niente di nuovo, conosciamo tutti gli esempi della madeleine di Proust o di Anton Ego del celebre film di animazione *Ratatouille*. Nel vino succede più o meno la stessa cosa. Certo ogni tipologia è dotata di una propria personalità odorosa che con l'esperienza impariamo a riconoscere e apprezzare. Il Nero d'Avola, specialmente quello proveniente dalla Sicilia orientale, esprime un incredibile profumo di cappero, certi Barolo evocano il petalo di rosa e il tartufo, taluni Sangiovese il profumo della buccia di arancia sanguinella. L'esperienza e la passione insegnano a riconoscere questi tasselli aromatici e a porli nella personale bacheca olfattiva di riferimento. Attraverso la pratica appassionata sarà quindi possibile entrare in confidenza con un vitigno e una zona di origine fino a fare coincidere il vino con le nostre aspettative aromatiche.

La costituzione di un quadro olfattivo personale ci rassicura sulla conoscenza e in qualche modo ci prepara all'assaggio che, vale la pena pensarci, è un momento molto importante dal punto di vista simbolico, trattandosi di assimilare dentro di noi qualcosa del mondo esterno. Più la fisionomia olfattiva del liquido coinciderà con l'immagine che è già presente nella nostra coscienza, maggiore sarà la benevolenza con cui porteremo il bicchiere alle labbra. Annusare, quindi, pone in allarme la cognizione. Ciò che non riconosciamo o che devia dalla nostra tavolozza di profumi acquisiti viene in qualche modo giudicato a priori. D'altra parte negli anni di conformismo enologico la parte olfattiva dei vini ha rivestito un'importanza smisurata, spostando il baricentro qualitativo sul piano prettamente estetico piuttosto che alimentare. Infatti, gran parte del disagio che gli assaggiatori, a vario titolo, provano nell'incontro con i vini liberati da un eccessivo accanimento enologico sta proprio nel mancato orientamento olfattivo. Basterebbe spostare il fulcro dell'assaggio sul piano complesso, affidandosi al momento in cui il liquido libera il sapore attraverso il succo, per avere sul palato l'espressione insieme articolata, gustativa e aromatica del vino.

Come abbiamo visto, l'espressione dei profumi è dentro il tessuto gustativo e la finezza aromatica è proporzionale alla grazia materica. Si potrebbe obiettare che togliere il primato all'olfatto significherebbe privare la degustazione di uno dei suoi aspetti più avvincenti e suggestivi. Sarà utile ribadire come la qualità di un vino non possa essere scomposta in elementi distinti. Partendo dal sapore si può poi risalire all'aspetto olfattivo in tutte le sue sfumature, che si collocano in un ideale territorio di confine tra ciò che è contenuto nel bicchiere e quello che abbiamo costruito nella memoria della nostra vita. Si tratta quindi di accogliere l'universo dei profumi che siamo in grado di percepire in funzione della qualità del tessuto gustativo.

Anche il colore è attaccato più che mai alla materia liquida. Esso proviene principalmente dalle bucce degli acini. Le uve a bacca rossa contengono nella buccia un particolare tipo di antociani che pigmentano la superficie dell'acino. Vi sono vitigni che possiedono pochi pigmenti, come nebbiolo, grignolino e sangiovese, altri che ne hanno in quantità: sagrantino, schioppettino, montepulciano e nero d'avola, tanto per citarne alcuni. Per i vini rossi è possibile con una certa esperienza individuare, attraverso l'osservazione, una tipologia o una zona di origine. Nelle uve a bacca bianca il colore è dato da composti chimici detti flavoni; i toni accesi di rame per alcuni vitigni, come il trebbiano o il bosco, dipendono dall'ossidazione di altre sostanze chiamate leucoantociani, sempre presenti nella buccia. Per i vini bianchi si tratta, in sostanza, di conoscere la metodologia di vinificazione.

Per tanti produttori la buccia dell'uva è un elemento fondamentale di espressione del territorio; per costoro, un protocollo enologico che escluda l'impiego della sostanza contenuta nella buccia è pari a una sterilizzazione del vino. Le vinificazioni artigianali dei bianchi, tradizionalmente, hanno sempre coinvolto il chicco intero. Con l'avvento della tecnologia enologica si è preferito separare all'origine l'esocarpo (buccia) dalla polpa.

Le cause di tale privazione sono adducibili a motivi di ordine tecnico e commerciale. La pelle che riveste l'acino è a contatto con l'aria. Mentre l'acino trae la sua energia dal suolo e, soprattutto, dalla fotosintesi delle foglie, la buccia, oltre a caricarsi dall'interno della pianta di sostanze utili alla vinificazione e al sapore, ha una funzione protettiva. La canicola estiva, la pioggia e, ancora peggio, la grandine occasionale mettono a dura prova la vita dell'uva, dotata solo di foglie e bucce per proteggersi. Alla vendemmia una vigna esposta ai fenomeni naturali presenta condizioni difformi da filare a filare, da grappolo a grappolo. L'enologia su grande scala ha preferito tutelarsi dalle possibili difficoltà risolvendo il problema alla base, togliendo la buccia e reintegrando gli elementi perduti tramite aggiunte esterne. Da tale atteggiamento sono scaturiti vini corretti e dai colori uniformi. I famosi "giallo paglierino" o "rosso rubino" dei disciplinari di produzione che mietono tante vittime innocenti nelle commissioni di assaggio per l'assegnazione delle denominazioni di origine provengono da questo modo precauzionale e poco appagante di intendere la viticoltura e la degustazione.

Gli ultimi anni stanno proponendo di nuovo colori accesi nei vini bianchi, semplice conseguenza di una filiera produttiva meno delegata a terzi e consapevole dell'enorme ricchezza contenuta nella buccia dell'uva. Gli occhi accolgono la dispersione colorata del liquido. Attraversato dalla luce, il vino imprime nel nostro sguardo il colore dello spettro che non è riuscito a trattenere. Nel caso dei vini rossi, il liquido si lascia attraversare dalle tonalità di viola e di rosso, nei bianchi dal giallo e dal verde. Dalla vigna al bicchiere, la luce è l'elemento cardine sul quale si regge l'esistenza del vino: la fotosintesi clorofilliana è essenziale per la respirazione della pianta, il sole permette il compimento della maturazione zuccherina e la luce rende vivida la materia liquida nel bicchiere. La luminosità del bicchiere è un indice di qualità della viticoltura e dell'enologia applicata. Lo spessore del colore non è proporzionale alla qualità del vino, secondo un modello in voga qualche anno fa che portò alla mistificazione di alcuni grandi vitigni autoctoni poco coloranti, bensì una peculiarità del connubio tra varietà messa a dimora e luogo di viticoltura. È più appagante e utile assorbire con gli occhi la luce riverberata dal vino decifrandone la vividezza, piuttosto che cercare di adattare il carattere del bicchiere alle nostre esigenze.

Arrivati a questo punto, potrebbe sopravvenire un certo smarrimento. La degustazione basata sulla comprensione della cultura mediterranea, sull'osservazione del paesaggio vitato, sull'apprendimento della viticoltura svolta da ogni vignaiolo e sul sapore complesso del vino pare disperdere i confini dell'approccio diffuso che, da circa vent'anni, si concentra sulla prestazione di un singolo bicchiere.

C'è da dire che un simile cambio di prospettiva è occorso anche in quella viticoltura postindustriale che ha saputo rimodellare i paradigmi produttivi di riferimento, svincolandosi dal riduzionismo enologico e facendo emergere un'idea di qualità strettamente legata al lavoro agronomico svolto, alla geografia occupata e all'interpretazione enologica affidata alla sensibilità del vignaiolo. I vini scaturiti da tale lavoro si prestano a un tipo di assaggio esteso che tiene conto di elementi esterni e interni al bicchiere, in una sorta di multisensorialità dell'esperienza. Lungi dal volere sminuire il ruolo della degustazione analitica, è però utile provare una strada alternativa di comprensione di quei vini nei quali la tecnica enologica si pone al servizio dei valori che la contengono, una strada in grado di influenzare il giudizio complessivo sulla qualità del liquido.

Torniamo all'inizio. Il fatto di conoscere il vino ponendo in risalto il contesto di riferimento riporta alle indagini dei fondatori della critica enogastronomica i quali, come abbiamo visto, ambientavano la descrizione del vino in uno scenario ben radicato nel paesaggio socio-geografico. Quel modello, dimenticato per anni, gode oggi di indiscussa attualità e, non a caso, le pubblicazioni di maestri come Soldati e Veronelli sono oggetto di un rinnovato e diffuso interesse. Un siffatto processo critico necessita peraltro di maggiore impegno, dato che gli sforzi di comprensione non sono riferiti solo all'assaggio ma impongono un approfondimento esteso al contesto (storico, geografico e viticolo) di riferimento.

6. Vino, neurogastronomia e degustazione multisensoriale

L'impostazione teorica di un tipo di degustazione mediterranea, fondata sul concorso di diverse pratiche cognitive, che ho cercato di delineare nelle pagine precedenti, trova un inaspettato sostegno negli sviluppi scientifici relativi al gusto occorsi negli ultimi anni e raggruppati sotto la definizione di neurogastronomia, termine coniato da Gordon Murray Sheperd, professore di Neurobiologia alla Yale School of Medicine.

Unire le discipline gastronomiche, tra cui anche la degustazione di vino, allo studio del cervello umano ha inaugurato un percorso inedito nelle relazioni tra uomo e alimentazione. Il fulcro degli studi di Sheperd risiede nel fatto che il sapore di un alimento è in gran parte dovuto alla componente retronasale, ossia alla percezione olfattiva attivata dall'espirazione. Essa si differenzia dalla percezione degli aromi avvertiti per via diretta quando inspiriamo, perché i profumi vengono abbinati ai gusti semplici sentiti sul palato – che sono, lo ripeto, amaro, acido, dolce, sapido, umami – e agli stimoli tattili avvertiti dal sistema somatosensoriale. La "percezione unitaria del sapore" si compone di questa combinazione complessa. È stato dimostrato che, a differenza di altri animali come il cane, gli esseri umani hanno a disposizione un senso del sapore molto sviluppato grazie alla forma del cervello «ed è questo livello di elaborazione – che comprende i sistemi della memoria, delle emozioni, l'elaborazione cognitiva superiore e soprattutto il linguaggio – che ci dà quello che definisco come l'eccezionale sistema cerebrale umano del sapore»[18]. La scienza ha documentato, quindi, come gli odori, dominanti il senso del gusto, si combinino agli altri sensi per creare profumi e sapori che acquistano un significato diverso per ognuno di noi, considerato che ogni cervello plasma un proprio immaginario gustativo seguendo le singole esperienze. Così come i colori, anche i sapori sono radicati nel nostro pensiero. Pensando di giudicare un vino, da qualsiasi livello di esperienza si parta, è allora utile iniziare dall'unione delle sensazioni gustative-tattili che rappresentano gli elementi più prossimi alla qualità reale della materia prima e sono capaci, attraverso il sapore, di parlare simultaneamente al senso dell'olfatto nel quale esperienza, memoria e suggestione operano a più riprese.

Sempre Sheperd evidenzia un aspetto fisiologico molto interessante: le parti del nostro corpo adibite alla ricezione degli stimoli gustativi hanno

18. Gordon Murray Sheperd, *All'origine del gusto. La nuova scienza della neurogastronomia*, Codice Edizioni, Torino 2014, p. 7.

terminazioni nervose completamente diverse. Il bulbo olfattivo, dalla forma che ricorda una bella cipolla di Tropea, riceve gli stimoli olfattivi, orto e retronasali. Esso è l'unico dei nostri sensi a essere connesso direttamente ai sistemi cerebrali della memoria e dell'emozione. Il gusto e il tatto, invece, prendono un'altra strada. I nervi gustativi, così come il sistema somatosensoriale, accedono al tronco encefalico, la parte del cervello collegata al midollo spinale e responsabile di funzioni vitali come il controllo della pulsazione cardiaca e la respirazione. «È come se la sensazione multisensoriale del sapore fosse stata progettata per permettere ai cibi ingeriti di essere analizzati tanto ai livelli cognitivi più alti quanto a quello delle sensazioni vitali»[19].

Questo è un aspetto magnifico; come ogni altro alimento, il vino, dotato di gusto e di aromi, riesce a parlarci a diversi livelli di sensibilità. Anche in questo senso il mondo dei degustatori capaci di evocare, attraverso l'esperienza, profumi infiniti, zone di origine e stili produttivi non è così distante da quello dei miei cari bevitori, intenti a trarre dal vino suggestioni meno auliche ma necessariamente legate, data la quantità ingerita, a fattori di digeribilità.

È anche da sottolineare come nella viticoltura più sensibile, oggetto privilegiato di questo libro,

19. *Ivi*, p. 133.

l'importanza della salubrità, dell'ambiente e del vino prodotto sia uno degli aspetti fondamentali del lavoro svolto. Andando a visitare uno qualsiasi dei vignaioli impegnati nella viticoltura naturale difficilmente l'incontro si concentrerà sull'analisi sensoriale del vino prodotto; le ore passeranno a parlare di vigna, di terra, di geografia o, come nel caso di Lino Maga, mirabile produttore in Oltrepò Pavese, di tutto quello che c'è fuori dal bicchiere.

Se il contributo della neurogastronomia fornisce un aiuto prezioso nel considerare gli alimenti e, quindi, il vino nella loro molteplice interazione con il cervello umano, vera e propria dispensa di immagini saporite che riempiamo durante la nostra vita, un altro apporto decisivo per amplificare il sapore è messo a disposizione dalla scienza multisensoriale. Charles Spence è professore di Psicologia Sperimentale e direttore del laboratorio di Ricerca Intermodale presso il dipartimento di Psicologia Sperimentale all'Università di Oxford. Assieme alla collega Betina Piqueras-Fiszman, ricercatrice presso il medesimo dipartimento, ha pubblicato un libro[20] in cui evidenzia come il gradimento dell'esperienza gastronomica non sia dovuto esclusivamente al sapore di ciò che ingeriamo bensì dipenda da molteplici fattori che coinvolgono tutti i nostri sensi.

20. Charles Spence, Betina Piqueras-Fiszman, *The Perfect Meal. The multisensory science of food and dining*, Wiley-Blackwell, Oxford 2014.

Il passaggio dalla classica scienza sensoriale alle neuroscienze cognitive e decisionali ha fatto emergere dati interessanti sul comportamento e gradimento umano di fronte all'esperienza enogastronomica. Le indagini sul campo condotte da Spence e da altri studiosi hanno dimostrato come elementi esterni alla pura esperienza gastronomica, vale a dire i colori, i suoni, il materiale stesso con il quale mangiamo o beviamo, risultino fondamentali al raggiungimento del piacere tanto quanto l'eccellenza di ciò che mettiamo in bocca. Il lavoro di Spence ha incrociato quello di cuochi del calibro di Ferran Adrià e Heston Blumenthal, traendo dati sensibili da interpretare e, a sua volta, amplificandone la portata creativa. Numerosi sono anche gli articoli da lui pubblicati sul vino e sulla sua percezione multisensoriale.

Ho incontrato il professore in una tiepida mattina di dicembre a Roma presso Palazzo Barberini, dove teneva una conferenza durante il festival della Creatività Europea. Ecco il resoconto dell'intervista.

Nel tuo libro, The Perfect Meal, *metti in evidenza come il gusto sia influenzato da elementi esterni alla pura esperienza gastronomica. Il medesimo concetto di multisensorialità può essere esteso anche alla degustazione di vino?*

Certamente. Puoi estenderlo a qualunque cibo o bibita; vino, whisky, vodka, caffè, tapas o sushi, non importa. Qualsiasi alimento è consumato in un certo ambiente, in un certo modo, e questo fa scattare aspettative e memorie che ti influenzeranno indipendentemente da quello che stai assaggiando. Sono a due terzi di un libro sul vino nel quale parlerò di come la multisensorialità influenzi la degustazione. Nel mondo dell'enologia c'è molto materiale: sul vino abbiamo a disposizione una quantità di ricerca dieci volte superiore agli altri campi. Sappiamo, per esempio, che non solo l'etichetta influenza l'assaggio, come è facile immaginare; anche elementi che possono sembrare semplici dettagli, come il bicchiere, il peso della bottiglia, la luce e la musica, modificano la nostra percezione.

Quando hai iniziato a compiere studi sul vino e i sensi?

Più o meno diciassette anni fa. Ho iniziato a lavorare per l'industria alimentare, facendo ricerche sul colore. In particolare studiavo come le tonalità cromatiche di cibi e bibite modificassero la percezione della dolcezza. In quel periodo sono entrato in contatto con gli studi condotti sul vino e la sua percezione a livello cerebrale. Ho cominciato così, e negli anni ho approfondito l'argomento. Nel 2010 ho iniziato a scrivere degli articoli su *The World of Fine Wine*. Mi sono occupato di molti argomenti ritenuti a margine dell'enologia. Prezzo e branding del vino, bicchieri e luce, colore e sound, tutto ciò che riteniamo esterno al gusto propriamente inteso. Ho invece dimostrato che il gusto è formato anche da tutto il resto. Gli articoli hanno suscitato un certo interesse e ora ho uno studente di dottorato che sta preparando una tesi sul legame tra vino e musica. Intanto ho continuato a fare ricerca, sono andato a festival, eventi, fiere sul vino. Nel 2014, a Londra, ho condotto per Campo Viejo (azienda spagnola, *ndr*) la più grande degustazione esperienziale con 3000 persone, facendo assaggiare il vino in bicchieri neri, cambiando luce e musica, evidenziando come le percezioni di esperti e appassionati venissero condizionate da elementi esterni.

Tutte queste cose influenzavano la degustazione?

Assolutamente sì.

Anche nel caso dei professionisti?

Come ti dicevo, rispetto ad altri campi di indagine, il vino è particolarmente interessante perché la quantità di ricerche da sviscerare è molto ampia. D'altra parte, però, si tratta di un argomento dove le opinioni sono più solide, la cultura maggiormente radicata e le competenze più estese. Per questo motivo si può pensare che certe sperimentazioni sulla multisensorialità possano avere risultati diversi se condotte nei confronti di esperti, come potresti essere tu, o matricole.

È una sfida interessante, senza dubbio, ma da quello che ho visto posso dire che sì, anche quelli come te giudicano il vino attraverso influenze che non sono solo interne al bicchiere.

A maggio, all'International Cool Climate Symposium a Brighton, nel sud dell'Inghilterra, c'erano 140 produttori ed esperti di vino. Abbiamo diffuso diversi tipi di musica che andavano a influire sul punteggio del vino in esame in quel momento. Credo che, in un certo senso, gli esperti siano più soggetti a essere ingannati; se prendiamo come esempio la ricerca sull'aggiunta del colorante rosso a un vino, scopriremo che gli esperti sono tratti in inganno maggiormente rispetto a chi non si sofferma così tanto sul colore.

Ci sono tanti esempi sul mio libro: si può mettere il vino in una bottiglia costosa, in una bottiglia pesante, in una bottiglia dall'aspetto vecchio; se guardi ai vari falsi e scandali nel mondo del vino negli ultimi quarant'anni vedrai che tutti sono stati frodati, inclusi gli esperti. La cosa interessante è che alcuni di loro scrivono di vino ma ne parlano e basta, senza degustarlo, mentre altri hanno un gran palato ma magari non sanno scrivere. È difficile coinvolgerli nei nostri studi – credo che in un certo modo si sentano in pericolo quando si tratta di rendere pubbliche le degustazioni alla cieca, perché temono di essere umiliati –, ma quando ci riusciamo emergono aspetti molto interessanti, proprio in virtù della loro esperienza.

Un aspetto rilevante del mio lavoro concerne le aspettative che poniamo nell'incontro con il vino. Credo che maggiore consapevolezza abbiamo della sua provenienza, più grande sarà la nostra soddisfazione. È possibile?

Nella degustazione le nostre percezioni seguono in larga parte le nostre aspettative. Quindi, più informazioni hai su un vino, maggiore sarà la corrispondenza di ciò che ti aspetti. Mi pare chiaro. Se conosci la nota aromatica di una certa varietà, durante l'assaggio saprai cosa aspettarti. Così vale per l'etica produttiva; qualora tu ne sia a conoscenza, è facile ritrovarla nel vino. Dipende da che cosa è più rilevante per te.

Nel mondo anglosassone sono importanti i riconoscimenti. Se riconosco qualcosa di familiare ma non riesco ad abbinarci un nome, poi di colpo l'esperto dice che si tratta di banana, peperone, lime o cocco tostato, io lo prendo per buono. Perciò ci sono aspettative che aiutano a ritrovare nella tua mente o nella tua bocca qualcosa che è lì dentro. Talvolta senti delle cose nell'assaggio perché ti aspetti di sentirle, ma forse non sono realmente lì; è una specie di illusione gustativa. L'esperto è capace, a volte, di indovinare un bicchiere di vino alla cieca: si tratta di memoria formidabile? O piuttosto di un ragionamento a tappe del tipo: se un vino è rosso scuro probabilmente deriva da uve particolari, se invece ha un certo tipo di tannino proviene da una zona piuttosto che da un'altra? Diciamo che i due approcci lavorano insieme, tra illuminazione e razionalità, ma credo che il secondo sia più frequente per quanto riguarda gli esperti. Ritengo che partendo dal colore, per esempio, si abbia già una proiezione di quello che si troverà nel bicchiere. Il cervello è facilmente ingannabile perché inizia già a lavorare sulle aspettative, semplicemente guardando il colore.

Quindi in un giudizio sulla qualità di un vino influisce sapere chi lo ha prodotto e la sua provenienza?

Sì. Se so da dove viene il vino e quel posto ha per me un significato, allora quella bottiglia mi trasmetterà più emozioni nell'assaggio. C'è qualcosa nel cervello che mi riporta in quel luogo, creando associazioni positive. Tuttavia esiste un paradosso: capita che gli stessi vini, anche se già assaggiati in precedenza, cambino sapore. Li abbiamo già degustati ed erano magnifici, ma non riusciamo più a ricreare quel momento. Succede!

Gusto e sapore sono nel cervello e non nel cibo o nel vino che consumiamo. Detto questo, il vino riesce a stimolare quattro dei cinque gusti fondamentali, ovvero acidità, salinità, amaro e a volte dolce. Com'è possibile creare immagini complesse nel cervello con così pochi elementi?

La maggior parte delle sensazioni viene in realtà dal naso. Se assaggiassi il vino con una molletta sul naso, non sapresti riconoscerlo; penseresti piuttosto che si tratti di caffè o altro. Poi, esiste la sensazione tattile della bocca (*mouthfeel*) che è importante, molto importante. Il tatto, il gusto e l'olfatto sono l'80-90% del piacere. Sono collegati, come dice Sheperd, a vari punti di snodo cerebrali responsabili della memoria e dei centri vitali. I ricercatori dicono che si possono distinguere solo tre o quattro parti di un odore, anche quando ne ha dieci. Un profumo che conosci individualmente, una volta mescolato diventa parte di un complesso olfattivo che il cervello riconosce nella varie componenti almeno per due terzi. Il vino può rivelare un primo naso, poi un secondo. Ma ci sono tante altre informazioni che si possono trovare, dati da aggiungere per combinare nuove possibilità e variazioni da descrivere: dipende dalla memoria e dall'esperienza di chi assaggia. Non male per solo quattro dei gusti fondamentali.

Il mio libro ha l'intento di definire un modo diverso di degustare il vino. La libertà formale ottenuta attraverso un approccio enologico più rispettoso dell'origine ha proposto vini inaspettati, la cui espressione spesso disorienta i degustatori. L'approccio classico mi pare non sufficiente a definire vini il cui cuore gustativo risiede nella naturalezza espressiva e il cui sapore è un insieme complesso di gusto e aromi. Il naso è spesso irriconoscibile e credo che la parte vera della degustazione sia il palato. Così, concentro la degustazione sul palato per far funzionare più gli aspetti retronasali insieme al sapore.

Dimentichi il tatto.

E il tatto, giusto. Come dicevo, il naso spesso ha bisogno di tempo che la degustazione professionale non concede. Un vino siffatto si esprime sul palato in modo più compiuto.

Ci sono certamente odori che stimolano il sistema del trigemino (responsabile delle sensazioni somatosensoriali): come quando annusi una lattina di Coca Cola appena stappata e ti dà fastidio al naso, c'è una specie di tocco olfattivo.

Come il wasabi, più o meno?

Sì, bravo. La maggior parte dei composti e degli aromi volatili ha input trigemino, è molto difficile trovarne alcuni che abbiano solo input puramente olfattivi. Quindi, se sei alla ricerca di una degustazione complessa potresti avere ragione a voler partire dal palato. Per il vino può avere senso, per il cibo dovrei pensarci meglio. Che cosa succede, infatti, quando abbiamo un odore con sensazioni tattili molteplici e prolungate, come nel caso del cibo? Alcuni dicono che assaggiamo in bocca ma in realtà assaggiamo qui (si tocca il naso, *ndr*), perché? Sentiamo il cibo in bocca, e quella sensazione tattile copre la reale dinamica; il tatto amalgama il sapore di quello che degusti e il suo odore. Quindi, la sensazione tattile è l'elemento chiave che lega i sapori. Sembra tuttavia che il tattile in bocca influenzi il sapore ma non gli odori. Ci sono odori legati al cibo e altri che non lo sono. Sappiamo che quelli legati al cibo saranno codificati con il loro sapore, ed è per questo che, se sentiamo il profumo della vaniglia, ci aspettiamo immediatamente un sapore dolce. L'odore del posto dove siamo ora, invece, è puramente ambientale e non appartiene al cibo.

Qual è la principale differenza tra olfatto ortonasale e retronasale?

La direzione dell'aria.

Una dentro, l'altra fuori.

E come attraversano l'epitelio olfattivo (organo sensoriale del sistema olfattivo, *ndr*). Ma la domanda giusta sarebbe: come fa il cervello a riconoscere quale odore sta ricevendo? Perché quelle molecole colpiscono gli stessi percettori nel naso; non c'è un naso ortonasale e un naso retronasale. Come fa il tuo cervello a distinguere l'odore esterno da quello interno? Come li separa? Direi che la direzione dell'aria è la chiave, il cervello la usa come un timone. È la differenza principale. Credo ci siano lati diversi del substrato neurale a essere coinvolti e in alcuni casi, sorprendentemente rari, c'è una disconnessione e quello che annuso ortonasalmente non corrisponde. Si potrebbe pensare che sia facile ingannare qualcuno sugli odori ortonasali, mentre per quelli retronasali – come il pesce avariato – non potrebbe mai succedere; alcuni sostengono, infatti, che il sistema retronasale sia meno soggetto alle illusioni. Uno studio afferma che se si cambia il colore di una bibita potrebbe cambiare l'odore ma non il sapore retronasale.

Il sapore, a questo punto, appartiene solo all'olfatto retronasale?

Dipende dal modo in cui definisci sapore.

Gusto, odore, tatto, nel loro insieme.

Direi di sì, ma non dimenticare le aspettative e le esperienze relative al sapore. Le prime vengono dalla vista, dall'odore ortonasale, predicono che cosa dovrebbe succedere e forse guideranno la tua esperienza. L'esperienza del sapore, invece, induce a chiederti: è come l'aspettavo o è diverso? Se l'esperienza non lascia dubbi, allora puoi vivere nel mondo delle aspettative del sapore, e viene tutto da li. Ma colore e stimolo ortonasale hanno un ruolo piccolo nella reale esperienza del sapore. Sono solo lì, come un sistema di controllo. Certo è molto raro mettere qualcosa in bocca senza avere delle aspettative. L'industria del sapore punta tutto su colore e olfatto. Per esempio, il 90% di quello che induce a consumare una bibita all'arancia è effettivamente nel naso, per cui annusi il sapore dalla bottiglia con l'ortonasale. Le aspettative sono previsioni basate sull'aroma, ma non si tratta del sapore.

Mi viene in mente il vino nato in Friuli Venezia Giulia a metà degli anni Novanta attraverso il contatto tra mosto di uve a bacca bianca e buccia. In particolare la Ribolla Gialla di Josko Gravner. Era qualcosa che nessuno si aspettava. Un colore senza precedenti, almeno per la moderna enologia e tannino vivido in un vino cosiddetto bianco, quasi un'eresia. Questo vino è una storia a sé, che non si può comparare con altro.

Se pensi al mondo dei soft drinks, quando s'inventano bibite di colore diverso, a volte sono un fiasco, a volte un successo. Un fallimento è stata la Coca Cola trasparente che sembra Sprite. I consumatori quando la vedono hanno aspettative: sarà limonata. Non ha funzionato, ma magari sperimenti un colore nuovo come il blu, che non si associa a niente; allora, forse, puoi educare i consumatori e avere successo. Secondo me i vini arancioni hanno successo perché non generano aspettative, per cui è più facile educare il consumatore su che cosa significhino e che cosa aspettarsi.

L'elemento culturale è fondamentale per educare i consumatori sul sapore del vino di territorio. Nel degustare, fino a qualche anno fa, eravamo molto tecnici. Ci avevano insegnato a gradire vini iperconcentrati e morbidi nella materia, dagli aromi intensi, anteponen-

do il risultato enologico all'espressione originale. Da qualche tempo tali coordinate hanno lasciato spazio a vini diversi. La parte più interessante del mio lavoro nello scoprire la diversità è il fatto che si rende necessario conoscere la realtà produttiva. Si può definire questo approccio come esperienza multisensoriale?

Credo di sì. L'informazione che hai e la passione del produttore concorrono forse alla formazione di un'esperienza. Dalla mia questo non c'è... assaggiando quei vini arancioni... non sono certo. Io non conosco le singole storie produttive come chi fa il vostro lavoro, ma ci sono situazioni in cui la gente non sa che cosa aspettarsi perché si trova di fronte a un prodotto nuovo e diverso, in questo caso può essere importante spiegare e guidare verso l'esperienza dell'assaggio, e non lasciare chi degusta senza informazioni necessarie. Se ci sono spiegazioni sul perché certi alimenti hanno un certo sapore è bene fornirle.

L'intenzione di questo libro è valorizzare l'aspetto complesso della degustazione localizzabile nel palato. L'esperienza è più completa perché un vino nella sua qualità di sapore rivela caratteri più diretti rispetto alla viticoltura svolta. Questo è il cuore del mio libro. Sono un degustatore professionista e negli ultimi anni, attraverso l'approccio classico, ho frainteso completamente alcuni vini che necessitavano di attenzione e tempo maggiori. Succede nelle degustazioni seriali. Annusi e ti formi un giudizio ma potrebbe essere solo un momento. Il palato è più sincero.

Ci sono cibi, e vini, per i quali le aspettative normali non valgono, soprattutto se non hai esperienza. In quei casi non ha senso guardare o odorare soltanto ortonasalmente, non darebbe previsioni buone sul sapore reale, è preferibile andare alla concreta esperienza dell'assaggio. Certo è difficile guardare qualcosa senza aspettative, non puoi evitarlo. Però una volta che hai incontrato mille bottiglie di un vino allora a quel punto impari e puoi leggere il colore o annusare, forte dell'esperienza passata.

Potresti spiegare, in relazione al vino, il concetto di priorità d'entrata espresso nel tuo libro?

La priorità d'entrata è l'idea che le cose su cui ti concentri siano percepite prima delle altre sulle quali la tua attenzione non si sofferma. Ciò che è avvertito prima probabilmente dominerà la tua esperienza. Quindi, nel caso della degustazione, le cose che succedono prima all'esterno influenzeranno l'esperienza totale. Quella è l'entrata prioritaria. Il gusto è collegato a quella fase iniziale.

Nel caso dell'odore e del gusto alcuni studiosi negli anni Sessanta hanno condotto delle sperimentazioni pionieristiche. Hanno provato, per esempio, a somministrare odori e gusti in diversi tempi, con uno scarto di qualche secondo, e si è visto che se il gusto arriva giusto un attimo prima, allora si localizza il sapore in bocca, mentre se l'odore arriva prima rispetto al gusto, lo si localizza nel naso. Quindi, cambiando la tempistica si può avere una diversa localizzazione della sensazione. Quella era la priorità d'entrata tradizionale, il primo che entrava – in questo caso fisicamente – dominava.

Il nostro lavoro attuale è rivolto all'attenzione. Se le cose accadono allo stesso tempo, come potrebbe essere per un vino in bocca, dare priorità d'entrata significa attirare l'attenzione su un singolo aspetto attraverso la degustazione. Se, infatti, invito a porre l'attenzione sulla pienezza materica (*mouthfeel*) o sull'acidità, quando ho il vino in bocca avvertirò questa o quella sensazione dominante. Generalmente priorità d'entrata vuol dire che si percepisce una cosa prima dell'altra e che, se si cambia il focus della propria attenzione, si percepirà quella cosa lì per prima. Le due cose, però, non cambiano natura: è come dire luce prima del suono o suono prima della luce; la luce e il suono restano sempre le stesse. Nel gusto è un po' diverso perché ciò che avverti in bocca è definito sapore e implica la collaborazione tra i sensi. Il naso, invece, lavora più che altro per se stesso. Il sapore cambia quasi il senso, non solo l'ordine dell'esperienza. Questo è quello che intendi quando parli di sapore di bocca, aroma di bocca, odore di bocca.

Il sapore unisce olfatto, gusto e tatto, in effetti.

Nel vino è importante questa coda saporita. Credo sia definita astringenza la sensazione di bocca. Dopo che ingoi il vino c'è ancora una stimolazione tattile che aiuta a far durare più a lungo l'aroma. In enologia, se si aumentano i tannini e l'astringenza, è solo per far durare il gusto più a lungo.

Per fortuna in Italia di tannini ne abbiamo in quantità. Nel sesto capitolo di The Perfect Meal *riporti una serie di studi relativi agli stimoli tattili. Mi ha colpito come la maggiore viscosità comporti una riduzione degli aromi percepibili.*

Sì, è chimica, semplicemente. Gli aromi sfuggono dalla superficie.

Ecco perché la leggerezza materica veicola finezza gustativa. Uno dei vini più complessi e affascinanti al mondo è il Pinot Nero di Borgogna, la cui struttura è solitamente snella ma ricca di tannini e acidità.

Infatti l'odore retronasale ci appare costante e non dipende dalla concentrazione ma dal sapore. Ho bevuto del vino e posso sentire il sapore in maniera continuativa per un certo tempo; il mio naso riceve gli impulsi quando deglutisco, piccoli sbuffi di aroma, quindi la mia pratica dovrebbe concentrarsi sulla valutazione del sapore. Quando deglutisco ha di nuovo sapore, poi non ce l'ha più. Così dovrebbe essere condotta la degustazione, è questo che permette al cervello di continuare l'esperienza anche quando l'input si arresta.

Un'ultima domanda. Nel capitolo "The search for novelty and surprise", sostieni che gran parte delle innovazioni che riguardano la gastronomia recente, specialmente negli ultimi vent'anni, coincidono con il fermento della società postmoderna nel ricercare sempre qualcosa di nuovo. È vero anche per il vino, soprattutto nell'affermazione perentoria del movimento dei vini naturali?

Penso di sì, credo sia in parte la ricerca del nuovo, in parte un modo per mostrare la propria abilità degustativa e le capacità di discernimento. Cercare ciò che è interessante e diverso o trovare qualcosa di nuovo che hai scoperto per condividere con il mondo una sensazione provata; penso che parte del piacere sia lì, non solo nel bicchiere. La ricerca di sensazioni nuove, come qualcosa di metallico che alla gente può piacere o meno, un attributo che non si trovava prima nel vino, o l'onnipresente mineralità; elementi che tempo fa la gente non cercava nel vino e ora invece ricerca, come novità, e il contrasto tra l'uniformità da un lato e la varietà dall'altra. Sono più le grandi aziende che tentano di fare dei vini uniformi, più coerenti a quello che il marchio dovrebbe essere, che le piccole realtà il cui valore è nella diversità. Sono però queste ultime a stimolare la ricerca del nuovo.

Le considerazioni di Charles Spence confermano che l'affermazione di valori esterni al bicchiere, quali viticoltura naturale e priorità dell'espressione territoriale, assieme alla piena libertà formale del vino, rappresenta una delle principali conquiste della pregevole enologia europea contemporanea. Le recenti ricerche scientifiche fondate sulla neurogastronomia e sulla multisensorialità dell'approccio ci forniscono strumenti di comprensione forse più efficaci per questo tipo di viticoltura rispetto al metodo sensoriale creato dagli enologi a metà del secolo scorso, riferito esclusivamente alla tecnica esecutiva.

Consapevoli dell'influenza qualitativa che la conoscenza approfondita di tutto ciò che è all'origine del vino riesce a esercitare sulla nostra relazione con il bicchiere, si potrà quindi aumentare il piacere di bere attraverso l'approfondimento delle competenze storiche, geografiche e umane alla base della produzione di vino. Ecco di nuovo la necessità di immergersi nella cultura mediterranea, in un divenire storico continuo nel quale si sono stratificati, uno sopra l'altro, elementi particolari che il corso degli eventi ha fissato in ciò che chiamiamo tradizioni. Tali diversità sono l'evidenza di esperienze comuni millenarie che hanno portato l'uomo ad adattare le tecniche apprese al territorio occupato.

Se pensiamo alla storia e alla geografia italiane non possiamo che abbandonarci alla magnifica e multiforme complessità concentrata in così poco spazio. Un'incredibile ricchezza che coincide con i limiti posti dalla natura all'attività umana. Tornano allora attuali le parole di Mario Soldati[21]: «Se volete trovarvi bene in Italia – spiego ad amici stranieri – dovete scoprirla per conto vostro, affidandovi alla vostra fortuna e al vostro istinto, perché una grande legge dell'Italia è proprio questa: che, da noi, tutto ciò che ha un titolo, un nome, una pubblicità, vale in ogni caso molto meno di tutto ciò che è ignoto, nascosto, individuale. Le bottiglie di vino con etichetta sono quasi sempre cattive; le bottiglie senza etichetta e il vino sciolto quasi sempre buoni. Lo so che in Inghilterra alcuni ottimi whisky sono proprio quelli delle marche più note. E così in Francia certi Bordeaux e Bourgogne. Ma, in Francia e in Inghilterra, da secoli e non soltanto per vini e liquori esiste un ponte tra società e individuo, una civiltà organizzata, una gerarchia del costume. La nostra civiltà non è inferiore, ma diversa. È una civiltà anarchica, scontrosa, ribelle. Da noi, l'uomo di valore, come il vino prelibato, schiva ogni pubblicità: vuole essere scoperto e conosciuto in solitudine, o nella religiosa compagnia di pochi amici». È un testo che l'autore scrisse a metà degli anni Cinquanta e che, spogliato di una certa retorica – oggi per fortuna le etichette ci sono e rappresentano il fiore all'occhiello

21. Mario Soldati, *Il vino di Carema*, in *La messa dei villeggianti*, Mondadori, Milano 2007 (prima edizione 1959), pp. 71 sgg.

del nostro comparto agricolo –, è assolutamente pertinente nell'immettere il concetto di anarchia nel discorso sulla qualità gastronomica italiana.

Laddove paesaggio, storia e politica (si è visto) non hanno reso possibile la diffusione di una fisionomia estesa della qualità agricola italiana, l'eccellenza ha spesso coinciso con lo spirito anarchico delle scelte produttive. La storia del vino in Italia è ricca di questi esempi, dalle etichette di Barolo di Bartolo Mascarello all'uscita dal Chianti Classico di Sergio Manetti, per affermare il valore del sangiovese in Toscana, fino alle battaglie in difesa della tradizione del vino siciliano di Marco De Bartoli. Viticoltori che mai hanno scisso la vinificazione dal luogo di provenienza.

Lo stesso spirito di indipendenza, unito alla visione complessa della viticoltura, ha portato Josko Gravner alla vinificazione a contatto con le bucce e all'utilizzo di anfore di terracotta per la fermentazione e la custodia del vino. Ancora lui ha suggerito prima di tutti un altro approccio al vino. Lo ha fatto attraverso la realizzazione di un bicchiere senza stelo. Bere da quella forma impone un gesto nuovo di comprensione. Ispirato dalla coppa georgiana, il vetro disegnato da Gravner annulla la distanza tra il corpo e il vino fin dalla prima azione, quella di prendere il bicchiere. Se lo stelo mantiene il distacco tra il liquido e la nostra percezione, quasi a stabilire una presa di distanza, con quel bicchiere, attraverso un semplice gesto, il vino è già dentro di noi.

7. Incontri con vini straordinari

Non spezziamo quello che è intero. Diventa zero.[22]

Considerare il vino come alimento della cultura mediterranea prepara il viaggio infinito di conoscenza della viticoltura. I viaggiatori sanno bene che ogni percorso è un'esperienza che non lascia indenni e che alla fine di un viaggio si è diversi da quando si è partiti.

Il viaggio ci cambia. Il vino ci cambia. Le vicende che occorrono nella vita formano l'essere umano con la cultura, il carattere personale e le varie inclinazioni, tra le quali compaiono le scelte alimentari e il gusto. Ogni elemento della nostra formazione si riverbera nel vino in uno scambio di energie, mai uguali a se stesse, che genera costantemente nuove consapevolezze. La crescita si nutre di curiosità, istinto e incontri che amplificano il piacere del bicchiere e preparano quello successivo. Il rifiuto personale delle gerarchie origina proprio dalla convinzione che la bellezza del vino nasca dalla relazione, non tanto dalla prestazione.

22. Leonardo Sinisgalli, *Mosche in bottiglia,* Mondadori, Milano 1975.

L'incontro con la geografia estesa della viticoltura italiana ha confermato in me l'idea che per arrivare a cogliere le infinite sfumature dei grandi vini della terra si debba prima apprezzare l'espressione più diretta del vino, vale a dire l'energia alimentare che si rivela attraverso il sapore complesso della materia. In quella che io definisco deflagrazione del gusto, nella fase finale della degustazione, si percepiscono le caratteristiche materiche e olfattive che decretano la qualità essenziale del vino.

L'energia alimentare è frutto di una viticoltura attenta alla vita del suolo e al benessere della pianta, ma anche di un rispetto della materia prima, apprezzabile in modo diffuso negli ultimi vent'anni di viticoltura. Ciò permette di trasmettere nel bicchiere le caratteristiche positive ottenute nel frutto. Il benessere recato da tali vini è comune alle grandi etichette e ai vini segreti che ognuno di noi può avere la fortuna di incontrare durante il proprio cammino. Vicino a casa mia c'è una vigna molto vecchia. Si trova in mezzo ai paesi di Matraia e Valgiano, si chiama la vigna di Ortale. È lavorata da Piergiorgio Saponati (è parente di Leonardo, quello dello Chambertin, ma io vivo in un paese piccolo e poi anche nelle Langhe o in Borgogna le parentele sono molto strette). Le vigne sono di sangiovese, qualche pianta di merlot, ciliegiolo, poi trebbiano, malvasia e moscato. Il bianco è vinificato in modo tradizionale e l'affinamento avviene in grandi e vecchie botti di rovere. Il vino è messo in damigiana e poi infiascato. Bevo molto di quel bianco, i tratti rustici ne esaltano il carattere e i cenni ossidativi non velano quasi mai la succosità del sorso. È un vino embrionale che manifesta la vocazione di un luogo e la potenza delle vecchie vigne di trebbiano e malvasia. La didattica della degustazione dovrebbe considerare vini del genere, in cui, nella mancanza di professionalità esecutiva, si riesce a percepire la passione, la sensibilità di un lavoro agronomico ben fatto e di una minima, forse non sufficiente, cura enologica.

Quanta distanza c'è tra il vino di Ortale e uno dei più grandi bianchi italiani che è il Trebbiano d'Abruzzo di Valentini? Siderale forse, oppure no. Il Trebbiano d'Abruzzo di Valentini si lega allo stesso principio contadino di minima elaborazione e massima appartenenza al luogo di origine ma ne sublima il carattere in una forma di finezza paragonabile ai migliori vini terrestri; la sua grandezza si deve a quella parte finale di sorso, quasi assoluta, in cui la deflagrazione viscosa e saporita piuttosto che acida, tipica del vino dell'Italia centrale, regala incredibile purezza espressiva. Mai estroso nei profumi, anzi, quasi ermetico se non scontroso, l'olfatto è l'ultimo elemento che definisce il vino abruzzese. Va atteso, in poche parole. A tali livelli celesti il bianco Saponati non potrà mai arrivare.

Gli incontri con vini straordinari sono quelli in cui è possibile percepire l'armonia tra umiltà della terra e forma enologica naturale, capaci di profondere energia alimentare in grazia espressiva. Sono vini che oltrepassano il concetto di equilibrio formale, così caro ai tecnici, per esaltare la comprensione complessa della degustazione, legata a paradigmi multisensoriali di assaggio quali geografia, storia e agire umano. Bere secondo questi criteri annulla il senso gerarchico della degustazione spostando l'esperienza su obiettivi assimilabili all'indagine culturale.

Il pregio di un approccio del genere risiede nella rinnovata affermazione dell'origine del vino, intesa come valorizzazione degli aspetti geografici e sociali, ai quali si radica la coltura della vite che accomuna la nobiltà delle vigne più famose a quelle fuori da ogni sentiero conosciuto. Si afferma il valore della continuità che unisce i grandi vini che tutti conosciamo a quelli ancora nell'alveo dell'elaborazione contadina. Il paesaggio viticolo mediterraneo mette a fuoco, così, una serie di dettagli geografici sempre più particolari che legano qualsiasi vino alla storia del luogo di provenienza e alla tecnica enologica, affinata secondo i limiti paesaggistici e climatici a disposizione.

La degustazione, dunque, deve adattarsi alla diversità, valore di inestimabile fascino per ogni vino. Apprezzarla significa trarre dal bicchiere un piacere rinnovato a ogni incontro. I tannini del Nebbiolo o del Sangiovese, i cenni ossidativi di alcuni Jura, la succosità e l'acidità volatile dei vini della Francia meridionale, tanto per fare degli esempi, sono alcuni dei tratti che si fissano nel palato, disegnando una costellazione di sapori che allarga la comprensione del vino e la voglia di conoscere. A questo punto la didattica cessa di avere un unico modello di riferimento, inesistente per altro, per praticare un apprendimento progressivo della qualità attraverso ogni nuova bottiglia.

Nella mia esperienza di bevitore ho incontrato vini che con il loro sapore hanno scardinato la rigida educazione alla degustazione, appresa nei corsi da sommelier, poi praticata professionalmente, per aprirmi alla complessità del vino ottenuto dalla viticoltura viva. I vini che segnalo nelle prossime pagine hanno in comune il radicamento all'origine geografica e la provenienza da una viticoltura rispettosa del suolo; non ho riportato la singola vendemmia ma una somma di incontri ripetuti. Ognuno di loro ha impresso nella mia memoria un tratto gustativo indelebile, estratto con sapienza dal lavoro enologico dei produttori. Sono vini irregolari nella cui maglia gustativa vi è un piccolo anello che non tiene. Da questo spiraglio si origina il fascino della complessità gustativa e della stimolazione sensoriale. Con questi vini si è formata la mia idea di degustazione complessa. Attraverso il medesimo materiale potrete adesso costruire la vostra.

AUSTRALIA

AZIENDA	Tom Shobbrook
VINO	Tommy Ruff
VITIGNI	Syrah, mourvedre
REGIONE	Barossa
VIGNAIOLI	Tom Shobbrook

DOVE

L'assolata Barossa Valley è il simbolo della viticoltura di un Paese sterminato e splendido. Situata a nord est di Adelaide, nel South Australia, è una delle aree più densamente vitate della nazione. Tom Shobbrook si muove con incredibile agilità tra i giganti del vino, aggiungendo alle vigne di proprietà uve recuperate da piccole aziende locali. Il suo talento ha contribuito a dare al quadro della viticoltura australiana il tratto dell'artigianalità.

SENSAZIONI

L'ingresso è dirompente con una materia sostenuta da forza acida decisa e ficcante. Leggermente caustica sul finale, si rivela necessaria al sostegno della densità materica che riesce a sostenere fino in fondo al palato donando un certo tipo di grazia.

BEVENDO SI IMPARA

L'equilibrio raggiunto attraverso l'acidità volatile che sostiene il peso del vino. Soluzione naturale al volume alcolico fin troppo pronunciato che caratterizza queste latitudini.

FRANCIA

AZIENDA	Domaine Arretxea
VINO	Hegoxury
VITIGNI	Gros manseng, petit manseng, corbu
DENOMINAZIONE	Irouléguy
VIGNAIOLI	Thérèse e Michel Riouspeyrous

DOVE

Sud Ovest della Francia. Le viti sono poste sulle pendici dei Pirenei francesi al confine con la Spagna; lavorate in biodinamica, presentano suoli misti di arenarie e pietre calcaree. Parte delle uve fermenta sulle bucce.

SENSAZIONI

L'ingresso in bocca è denso di materia, la progressione è ampia, di ottima dinamica. Il sapore si fa strada con note sapide a fissare il ricordo, dopo la deglutizione, di aromi speziati di incenso e pioggia su pietra.

BEVENDO SI IMPARA

L'energia sapida che innerva il corpo del vino. Tale dinamica saporita dona armonia, equilibrio e lunghezza gustativa.

FRANCIA

AZIENDA	Domaine Gauby
VINO	Les Calcinaires Blanc
VITIGNI	Muscat, macabeu, chardonnay
DENOMINAZIONE	Vin de Pays des Côtes Catalanes
VIGNAIOLI	Lionel e Gérard Gauby

DOVE

Le vigne, condotte nel rispetto del suolo, si trovano nella piccola enclave di Calce, non lontano dal confine spagnolo. L'influsso marino sulla viticoltura è netto, così come l'influenza dei suoli calcarei e scistosi che compongono le matrici aziendali. Le varietà presenti riflettono la storia ampelografica di questo luogo contando su età venerabili. A pensarci bene, quest'ultimo aspetto incide molto sull'incredibile qualità dei vini proposti.

SENSAZIONI

Sottile nella progressione veloce verso il centro bocca, il vino ha cenni ossidativi nella fase centrale, utili a dare ampiezza al sapore. Per il resto, gioca con il palato donando solida sapidità e cenni aromatici nell'espirazione. Semplice, saporito e leggero.

BEVENDO SI IMPARA

L'amicizia con la lieve nota ossidativa, che pone un elemento di complessità alla degustazione, non più inchiodata sull'espressione fragrante dell'integrità. Qui è solo accennata, ma reca maggiore ampiezza al sorso altrimenti fin troppo lineare.

FRANCIA

AZIENDA	La Petite Baigneuse
VINO	Les Loustics
VITIGNI	Grenache
DENOMINAZIONE	Maury
VIGNAIOLI	Céline e Philippe Wies

DOVE

Pirenei orientali, nel piccolo comune di Saint-Paul-de-Fenouillet. A una manciata di chilometri dal mare, le vigne godono di un clima piuttosto fresco grazie al frequente vento di tramontana. I filari di grenache sono piantati su suoli ricchi di scisti.

SENSAZIONI

La parte iniziale del percorso gustativo è agile e leggiadra; il centro bocca diventa più spesso grazie al succo indotto dalla vivace acidità. La deflagrazione del gusto regala, attraverso il sorso, aromi definiti di frutta e balsamicità che faticano sempre a esprimersi nella parte ortonasale.

BEVENDO SI IMPARA

La naturalezza espressiva e la lenta espressione aromatica. Il percorso gustativo è agile ma non privo di materia che dona al palato una continuità di succo gustosa e corroborante.

FRANCIA

AZIENDA	Clos Rougeard
VINO	Les Poyeux
VITIGNI	Cabernet franc
DENOMINAZIONE	Saumur Champigny
VIGNAIOLI	Famiglia Foucault

DOVE

Parte occidentale della Loira; qui la cultura mediterranea della vite si impregna di clima oceanico, che in questa particolare area risulta sorprendentemente mite. I suoli sono tufacei, con affioramenti calcarei interrotti da strati sabbiosi. Il cabernet franc è l'indiscusso protagonista di questa appellazione.

SENSAZIONI

La parte gustativa iniziale è sottile e discreta; il vino incede aereo, infiltrando il palato di un succo che pare spremuta di ribes nero. La delicatezza alcolica e setosa ha come contrappunto tattile il tannino nordico in grado di prolungare a dismisura il sapore.

BEVENDO SI IMPARA

La leggerezza della complessità. Acidità e tannino sono le coordinate di riferimento in cui si muove la grazia essenziale di questo vino, che induce a dimenticare qualsiasi descrittore enologico, per trasportarci nel godimento naturale di un alimento ben fatto.

FRANCIA

AZIENDA	Domaine Des Roches Neuves
VINO	L'Insolite
VITIGNI	Chenin blanc
DENOMINAZIONE	Saumur
VIGNAIOLI	Thierry Germain

DOVE

Loira occidentale, suoli argillosi e calcarei con presenza di parti silicee. Lo chenin blanc è il vitigno a bacca bianca che si è adattato meglio al tipo di suolo qui presente e al clima, sempre più caldo a dire il vero, di queste latitudini. Le vigne aziendali hanno circa cinquant'anni di età.

SENSAZIONI

La drittezza del vino è un filo rosso che collega la parte iniziale e la deflagrazione gustativa dopo la deglutizione. Un arco teso che dispensa matura succosità, ora sapida, ora agrumata. Una roccia liquida che fa tesoro di ogni goccia strappata alla solidità.

BEVENDO SI IMPARA

Il valore dell'acidità nei vini bianchi quale spina dorsale che induce alla bevibilità e veicola sapore. In questo caso è magistrale l'armonia con una certa maturità ossidativa.

FRANCIA

AZIENDA	Domaine Huet
VINO	Clos du Bourg Sec
VITIGNI	Chenin blanc
DENOMINAZIONE	Vouvray
VIGNAIOLI	Jean-Bernard Berthomé

DOVE

Vouvray è una piccola denominazione che vanta una notevole diversità di matrici geologiche. Argille, silicio e calcare. Dalla diversa natura del suolo sgorgano altrettanti Chenin in purezza capaci di declinare in modo impeccabile le variegate sfumature del suolo.

SENSAZIONI

L'attacco è denso e deciso con la materia trattenuta sulla lingua da notevole viscosità. Tale forza statica trova la spinta necessaria grazie alla salivazione indotta dalla splendida spina dorsale acida. Il sapore evoca miele e frutti tropicali di estrema finezza succosa.

BEVENDO SI IMPARA

La proporzione tra le parti più grasse e lo slancio sapido. Nella sua progressione, la materia intreccia la concentrazione con la dinamica acida, per consegnare un percorso gustativo di rara armonia.

FRANCIA

AZIENDA	Château de Béru
VINO	Clos de Béru Monopole
VITIGNI	Chardonnay
DENOMINAZIONE	Chablis
VIGNAIOLI	Athénaïs de Béru

DOVE

Lo Chablis è la parte più settentrionale della Borgogna. La latitudine estrema e i suoli, che nel caso di questa azienda sono contraddistinti da gesso, calcare e inserti fossili, conferiscono allo chardonnay un carattere austero ed elegante.

SENSAZIONI

Il vino è una lama affilata che penetra il palato con glaciale compostezza. La progressione tattile è quasi pungente di acidità per un'eco di frutta che svela il vitigno originale. Nella deglutizione si palesa il sapore armonico fatto di gessosa mineralità.

BEVENDO SI IMPARA

La rigorosa marca minerale dello chardonnay nei suoi luoghi di elezione. Il tratto gustativo è dominato dallo slancio verticale verso la faringe. Il sapore, spostato verso il cavo orale, regala un sorso puro, quasi di acqua di fonte rocciosa.

FRANCIA

AZIENDA	Domaine Armand Rousseau
VINO	Chambertin
VITIGNI	Pinot Nero
DENOMINAZIONE	Borgogna Grand Cru
VIGNAIOLI	Famiglia Rousseau

DOVE

Il Domaine possiede circa 2,15 ettari di questo celebre grand cru, il cui mito prospera da più di 750 anni. Si tratta di un appezzamento che insieme al confinante Clos de Bèze forma il cuore del vigneto comunale di Gevrey-Chambertin. Il suolo è composto dall'intreccio tra il cosiddetto *calcaire à entroques,* inserti fossili di origine marina in media profondità e marne calcaree di colore chiaro in superficie.

SENSAZIONI

La sensazione tattile di tannini solidi e vigorosi viene straordinariamente alleggerita da un levità di frutto senza eguali. In questo rigore senza peso apparente si avverte la freschezza acida recata da un tocco di volatile che non guasta, anzi veicola un sapore di spezie orientali che definiscono il carattere del vino.

BEVENDO SI IMPARA

La misura dell'eleganza. Il vino riesce a diffondere il massimo della complessità (gustativa e tattile) attraverso l'essenzialità della materia. La finezza della tessitura tannica rappresenta l'identità del luogo.

FRANCIA

AZIENDA	Domaine Labet
VINO	Fleur du Savagnin en chalasse
VITIGNI	Savagnin
DENOMINAZIONE	Côtes du Jura
VIGNAIOLI	Famiglia Labet

DOVE

La regione dello Jura si trova nell'estrema parte orientale della Francia. Il Domaine Labet occupa il lembo meridionale della denominazione. I suoli sono complessi e caratterizzati da calcare e argille del Giurassico e del Triassico. Lo stile tradizionale di vinificazione, che prevede l'ossidazione del vino (*voile*), è oggi affiancato dalla vinificazione alla borgognona (*ouillé*) di cui l'azienda è una dei pionieri.

SENSAZIONI

Le uve savagnin sono vinificate in acciaio. Al riparo dall'ossidazione sostano in barrique per 18 mesi. La degustazione inizia al palato con una morsa salina sensibile, quasi tattile, ai lati della lingua. Il percorso è agile nonostante il calore alcolico, con un succo che innesca profumi di agrume, susina e leggeri cenni vegetali.

BEVENDO SI IMPARA

L'intreccio sapido-acido che dinamizza il percorso gustativo donando slancio e gioiosità al bere e, al contempo, tiene a bada il carattere emolliente delle componenti alcoliche.

FRANCIA

AZIENDA	Jean François Ganevat
VINO	Chardonnay Cuvée Marguerite
VITIGNI	Chardonnay
DENOMINAZIONE	Côtes du Jura
VIGNAIOLI	Jean François Ganevat

DOVE

Argilla, calcare, marne gialle, marne blu, marne rosse e bianche, scisti sono solo alcune delle variabili geologiche che caratterizzano il suolo di questo piccolo distretto francese. Consapevole di tale ricchezza, Ganevat declina i suoi 8 ettari e mezzo, piantati con circa 17 varietà coltivate in biodinamica, in più di 20 vini con una minima parte di uve acquistate.

SENSAZIONI

Lo Chardonnay entra in bocca con un deciso piglio acido che si riveste di materia nel centro della lingua. La deglutizione esalta l'esperienza polidimensionale di questo vino in equilibrio tra la severa vena acida e leggeri cenni ossidativi, amplificando il sapore ed esaltando la spezia, il piccante e la profondità del frutto maturo.

BEVENDO SI IMPARA

La virtù ossidativa che dona profonda complessità al sapore del vino senza intaccarne l'integrità gustativa e aromatica.

FRANCIA

AZIENDA	Jean Foillard,
VINO	Morgon Côte du Py
VITIGNI	Gamay
DENOMINAZIONE	Beaujolais-Morgon
VIGNAIOLI	Jean Foillard

DOVE

Il Beaujolais è uno dei più vivi focolai della viticoltura naturale. A partire dagli anni Ottanta un gruppetto di produttori ha cercato di scardinare la diffusa omologazione industriale dei vini partendo dalla eliminazione della chimica in vigna. Il patrimonio esteso di viti centenarie di gamay e una varietà di suoli (granitici, scistosi, ricchi di arenarie) garantiscono poi una complessità enologica tutta da scoprire.

SENSAZIONI

Il vino attacca subito succoso grazie alla dinamica leggera che punta dritto il fondo del palato. Si apprezza, in modo quasi simultaneo, il sapore fragrante del frutto rosso e la copiosa salivazione che avvolge la fitta trama tannica. Struttura e leggiadria per un complesso armonico.

BEVENDO SI IMPARA

Il frutto croccante generato dal connubio tra acidità e tannino, una delle chiavi di lettura dei vini rossi di questa regione e, in generale, di quelli che hanno nella freschezza e nel vigore tannico le loro caratteristiche principali.

FRANCIA

AZIENDA	Mas de Libian
VINO	Khayyâm
VITIGNI	Grenache, mourvèdre, syrah
REGIONE	Ardèche
VIGNAIOLI	Famiglia Thibon

DOVE

Parte del Rodano meridionale, l'Ardèche è una regione di straordinaria bellezza. Le vigne aziendali di grenache, mourvèdre e syrah crescono su un suolo composto per la maggior parte da galets roulés (ciottoli rotondi) e argille rosse. Il clima è mediterraneo, secco e ventilato.

SENSAZIONI

Dice Hélène Thibon: «Il posto è caldo, ma i nostri vini sono freschi». Il primo contatto evidenzia lo spessore della materia che nella progressione acquisisce una leggerezza sorprendente. Il vino ha notevole calore, sempre in equilibrio con la saporita freschezza che regala aromi di spezie dolci e ribes nero.

BEVENDO SI IMPARA

La potenza del generoso apporto alcolico mai in debito di progressione. Paradigma del vino mediterraneo caldo e concentrato ma sostenuto da freschezza acida che dona una leggerezza complessiva.

FRANCIA

AZIENDA	Domaine Dard e Ribo
VINO	Crozes Hermitage
VITIGNI	Syrah
DENOMINAZIONE	Crozes Hermitage
VIGNAIOLI	René-Jean Dard e François Ribo

DOVE

Le vigne in questa parte del Rodano sono poste, il più delle volte, su colline che degradano verso il fiume seguendone il corso sinuoso. I suoli granitici, unitamente al clima più fresco rispetto al Meridione della regione, concorrono a donare maggiore nerbo acido tannico allo syrah, di gran lunga il vitigno più diffuso nella denominazione.

SENSAZIONI

L'inizio è sovente fuorviante con carbonica a pungere e tannino sottolineato dalla compressione della materia. Poi il vino si apre in un percorso slanciato e setoso che deposita sul palato un profondo sapore terroso, speziato e floreale, persistente grazie a un succo tannico di energia corroborante.

BEVENDO SI IMPARA

L'attesa paziente dell'integrità. Un vino in cui l'energia alimentare compressa in bottiglia deve godere dell'ossigeno necessario per liberare la sua distensione di personalità.

GERMANIA

AZIENDA	Egon Müller
VINO	Scharzhofberger Riesling Trockenbeerenauslese
VITIGNI	Riesling
DENOMINAZIONE	Riesling Trockenbeerenauslese QmP
VIGNAIOLI	Famiglia Müller

DOVE

La Saar è uno dei principali affluenti della Mosella. Siamo in una delle zone limite della viticoltura, per latitudine e clima, dove la maturazione delle uve è garantita solo nei luoghi di elezione. La luminosa vigna su ardesia di Scharzhofberger è forse il cru più importante di tutta la regione.

SENSAZIONI

La densità zuccherina invade il palato con decisione, apportando subito effluvi balsamici di grande purezza. Lo spessore del vino è accompagnato da una sottile ma continua acidità che ne sostiene il passo in modo incredibile, donando equilibrio e consegnando al palato un'esperienza indimenticabile.

BEVENDO SI IMPARA

L'equilibrio assoluto, quasi magico, tra concentrazione zuccherina e forza acida. Solo grazie alla massima espressione di queste due componenti è possibile ottenere l'eccellenza in un luogo limite per la viticoltura.

GERMANIA

AZIENDA	Clemens Busch
VINO	Marienburg Fahrlay Terrassen
VITIGNI	Riesling
DENOMINAZIONE	Moser-Saar-Ruwer QmP
VIGNAIOLI	Famiglia Busch

DOVE

Le terrazze di scisti blu nel vigneto di Marienburg, situato nel cuore della Mosella, rappresentano un grand cru a tutti gli effetti. Si tratta di vigne, poste a perpendicolare sul fiume, che la famiglia Busch lavora per forza a mano e senza l'ausilio di prodotti chimici. Qui l'esposizione a sud garantisce qualità e quantità di luce.

SENSAZIONI

L'ingresso è sottile, quasi impercettibile, con la progressione affidata alla freschezza citrina che incide la lingua e il palato. Da metà bocca arriva la deflagrazione sapida che dona una vera e propria sensazione minerale. La deglutizione porta aromi balsamici e dolci, con il sapore che non lascia le papille gustative.

BEVENDO SI IMPARA

La complessità essenziale di un vino che insegna la purezza del sorso.

ITALIA

AZIENDA	Giuseppe Rinaldi
VINO	Barolo Brunate
VITIGNI	Nebbiolo
DENOMINAZIONE	Barolo
VIGNAIOLI	Famiglia Rinaldi

DOVE

Le colline di Langa sono il palcoscenico viticolo più famoso d'Italia. I versanti si susseguono rapidamente creando diversità paesaggistiche e altrettante vocazioni enologiche, saggiamente isolate attraverso l'identificazione di una serie di menzioni geografiche aggiuntive per i vini da singolo vigneto. I suoli calcarei e argillosi con marne blu e tufo, unitamente al vitigno nebbiolo, originano vini di rigore tannico, estrema finezza e aromi identitari.

SENSAZIONI

Ingresso sul palato verace e deciso con un tratto rustico per niente spiacevole. La progressione sulla lingua si affida al cenno deciso di una volatile che sostiene la materia e ne rende leggiadro il tratto. Nella deflagrazione del sapore si avvertono aromi di rosa e menta, con la parte tattile del palato che apprezza la severità del tannino. Insieme, aromi e tatto riportano al vigneto di origine tra Barolo e La Morra.

BEVENDO SI IMPARA

La virtù dell'acidità volatile in un vino di fitta architettura tannica che rende il percorso gustativo un connubio perfetto tra la struttura imponente e la grazia dinamica.

ITALIA

AZIENDA	Roagna
VINO	Asili Vecchie Viti
VITIGNI	Nebbiolo
DENOMINAZIONE	Barbaresco
VIGNAIOLI	Famiglia Roagna

DOVE

Asili è uno dei cru più importanti del comune di Barbaresco. Il suolo, caratterizzato da marne calcaree con discreta presenza di sabbia, lo rende luogo ideale per la finezza delle uve nebbiolo. I Roagna lavorano poco meno di un ettaro di questo celebre vigneto con piante di oltre cinquant'anni.

SENSAZIONI

Il vino ha tanti spigoli acuiti dal tannino rigoroso e dall'acidità vibrante. Sono la spina dorsale di una materia di estrema personalità che dal centro bocca in poi libera un succo corroborante e dinamico. L'impressione è armonica, con il tannino che prolunga a dismisura il piacere del sapore.

BEVENDO SI IMPARA

Il rigore espressivo del Nebbiolo, che deve portare certe asperità tanniche. Un tratto peculiare che esalta la lunghezza del vino e dei suoi splendidi aromi.

ITALIA

AZIENDA	Tenuta Migliavacca
VINO	Barbera del Monferrato
VITIGNI	Barbera
DENOMINAZIONE	Barbera del Monferrato
VIGNAIOLI	Francesco Brezza

DOVE

Il Monferrato è una regione agricola di solida tradizione. Con le Langhe e il Roero è stato inserito dall'Unesco nei beni patrimoni dell'umanità. Il paesaggio, che varia dagli aspri versanti appenninici fino alle pianure lambite dal Po, consente una variegata attitudine agricola. Modello di azienda complessa a ciclo chiuso, la Tenuta Migliavacca è una delle più sensibili interpreti di questa diversità, con un lavoro agricolo fatto di grano, allevamento e, ovviamente, viticoltura.

SENSAZIONI

Primo contatto in bocca con un corpo denso e scuro che incede attraverso l'acidità nervosa e guizzante. Il vino esibisce una schiettezza avvincente in virtù del sapore aperto sul frutto e della salivazione che permette di apprezzarne la naturalezza espressiva.

BEVENDO SI IMPARA

L'importanza dell'acidità che serve al palato sia per equilibrare l'ossidazione della materia (tipica di vini a bassa solforosa) sia per asservire al sacrosanto ruolo del vino: il richiamo del cibo.

ITALIA

AZIENDA	Pranzegg
VINO	Caroline
VITIGNI	Sauvignon, chardonnay, viognier, manzoni bianco
REGIONE	Alto Adige
VIGNAIOLI	Martin Gojer

DOVE

Sui caldi e ripidi pendii sopra Bolzano la viticoltura è praticata da secoli. Il disfacimento di antichi ghiacciai ha portato detriti di porfido, basalto e granito, i quali, insieme a parti di origine vulcanica, costituiscono i suoli aziendali. Gojer è uno degli interpreti più originali della viticoltura altoatesina condotta con metodo biodinamico e tradotta da vini di espressione libera.

SENSAZIONI

Il vino si caratterizza per originalità espressiva: la bocca è subito stimolata dalla densità, con la progressione del sapore affidata più alle componenti alcoliche e sapide che all'acidità, come ci si aspetterebbe a queste latitudini. Tale spessore viene bilanciato dalla volatile che contribuisce al dinamismo del vino.

BEVENDO SI IMPARA

Il contatto tra mosto e bucce in fermentazione in grado di bilanciare attraverso sapidità e lieve tannino la forza alcolica che questo luogo particolare fissa nelle uve.

ITALIA

AZIENDA	Gravner
VINO	Ribolla Gialla Anfora
VITIGNI	Ribolla gialla
REGIONE	Friuli Venezia Giulia
VIGNAIOLI	Josko Gravner

DOVE

A Oslavia il suolo è caratterizzato dalla ponca, sorta di marna calcarea la cui disposizione a strati permette un perfetto drenaggio delle acque. L'assoluta vocazione di questo territorio è esaltata dal talento contadino e dalla sensibilità di Josko, tra i più grandi e profondi vignaioli italiani, il cui concetto di enologia coincide con il valore storico della viticoltura.

SENSAZIONI

Il vino stimola il palato in una polifonia di sensazioni che difficilmente trovano appigli nella memoria gustativa. Occorre pensare alla nudità della materia e al modo in cui percorre il palato, tracciandolo di calore e aromi con un tannino che ne allunga il sapore a dismisura.

BEVENDO SI IMPARA

Un'altra dimensione gustativa, dove il tannino e l'acidità convivono armonicamente per sostenere una materia così direttamente legata al frutto di partenza.

ITALIA

AZIENDA	Le Due Terre
VINO	Sacrisassi Bianco
VITIGNI	Ribolla gialla, friulano
DENOMINAZIONE	Colli Orientali del Friuli
VIGNAIOLI	Flavio Basilicata

DOVE

La collina di Prepotto, all'estremità dei Colli Orientali del Friuli, si caratterizza per la variabilità delle matrici geologiche. Il nome dell'azienda si deve, infatti, alla diversa composizione dei suoli di proprietà: terre rosse da una parte e marne calcaree dall'altra. Tale conformazione è all'origine della complessità dei vini aziendali, frutto di rara sensibilità interpretativa.

SENSAZIONI

La bocca è incisa da poderosa spinta acida che sorregge la materia viscosa e densa di concentrazione. Inizialmente la carica di acidità volatile tende a velare l'espressione saporita. È necessario attendere, poiché l'ossigeno dona al vino gratificante complessità.

BEVENDO SI IMPARA

L'energia del vino, inizialmente scomposta in quanto richiede la giusta ossigenazione. L'attesa assesta l'armonia dell'espressione gustativa attraverso il rapporto proporzionato tra densità e slancio.

ITALIA

AZIENDA	Podere Sanguineto I e II
VINO	Nobile di Montepulciano
VITIGNI	Prugnolo gentile (sangiovese)
DENOMINAZIONE	Nobile di Montepulciano
VIGNAIOLI	Dora Forsoni

DOVE

Le colline argillose di Montepulciano ospitano da secoli la viticoltura. Negli ultimi periodi una decisa apertura verso l'internazionalizzazione del Nobile ha confuso la cristallina eleganza del prugnolo gentile nella cupa densità di vitigni fuori zona. Sulla terra rossa di Sanguineto, invece, sono coltivate con rispetto dell'ambiente uve di prugnolo che celebrano tutta la finezza possibile del Nobile di Montepulciano.

SENSAZIONI

L'attacco al palato è sottile e delicato. Sulla lingua si deposita con energica leggerezza la materia che, nella parte più profonda del palato, genera un olfatto floreale con note affumicate di terra. Il sorso è succoso e la decisa trama tannica fissa il ricordo tattile del vino.

BEVENDO SI IMPARA

La fine gentilezza propria dei vini ottenuti nel rispetto dell'origine, in cui succosità e tannino alimentano il ritmo gustativo.

ITALIA

AZIENDA	Il Paradiso di Manfredi
VINO	Brunello di Montalcino
VITIGNI	Sangiovese
DENOMINAZIONE	Brunello di Montalcino
VIGNAIOLI	Famiglia Manfredi-Guerrini

DOVE

Le matrici geologiche della parte settentrionale di Montalcino sono composte da argille plioceniche e dalla collina rocciosa di Montosoli. Il clima è più fresco rispetto agli altri versanti della denominazione. Le vigne del Paradiso si trovano nella parte alta, detta dei "canalicchi"; il suolo aziendale, ricco di fossili la cui frantumazione assicura elementi calcarei, non ha mai conosciuto l'onta del diserbo.

SENSAZIONI

Il vino ha un codice espressivo tutto suo che va conosciuto per apprezzarlo in pieno. L'attacco suggerisce una materia quasi stanca, salvo poi godere di una forza propulsiva senza pari che esalta succosità e sapore. Quest'ultimo diventa sempre più fragrante nel bicchiere, evidenziando l'energia e la qualità tattile del vino.

BEVENDO SI IMPARA

Una tessitura tannica tra le migliori in assoluto, segno di una materia prima di estrema finezza che può permettersi una lieve ossidazione del frutto. Ne consegue un'eredità gustativa di spiccato carattere ed eleganza.

ITALIA

AZIENDA	Case Basse di Gianfranco Soldera
VINO	Brunello di Montalcino
VITIGNI	Sangiovese
DENOMINAZIONE	Brunello di Montalcino
VIGNAIOLI	Gianfranco Soldera

DOVE

Pieve Santa Restituta è da considerare un vero e proprio cru della denominazione. Situata nella parte occidentale del comune, occupa il versante che degrada lentamente verso la Maremma. Godendo di costante ventilazione, di suoli calcarei argillosi e di ideale attività fotosintetica, il sangiovese esprime equilibrio e finezza.

SENSAZIONI

La leggerezza del percorso gustativo si affida al connubio tra succosità e qualità dell'estrazione polifenolica. Il vino corre sospeso sul palato, grazie all'equilibrio tra acidità volatile e concentrazione alcolica, rivelando al sorso sapore di agrumi e cenni terrosi in sontuosa progressione gustativa.

BEVENDO SI IMPARA

Come per il Barolo di Rinaldi, l'acidità volatile ottenuta grazie a una fermentazione libera si rivela opportuna per bilanciare la parte alcolica e per donare grazia espressiva e complessità.

ITALIA

AZIENDA	Fabbrica di San Martino
VINO	Fabbrica di San Martino Bianco
VITIGNI	Vermentino, malvasia, trebbiano
DENOMINAZIONE	Colline Lucchesi
VIGNAIOLI	Beppe Ferrua

DOVE

La viticoltura lucchese si colloca storicamente su un anfiteatro di colline che dalla costa tirrenica, a ovest, si sviluppa verso est ergendosi a contrafforte della catena montuosa appenninica. Il fiume Serchio taglia perpendicolarmente questo territorio, formato da suoli argillosi con presenza di calcare. Tale conformazione permette un'incredibile varietà climatica nonostante le piccole dimensioni dell'areale.

SENSAZIONI

L'energia sapida si sviluppa fin dal principio della bocca in un lento dipanarsi della materia, sostenuta da leggera freschezza volatile che favorisce dinamica e naturale bevibilità. La deglutizione porta lieve traccia tannica e sapori gialli di buccia di uva, miele e pane di grano arso.

BEVENDO SI IMPARA

L'espressione gustativa affidata alla sapidità, al tatto tannico e alla maturità degli aromi sottolinea in modo lampante il legame inscindibile tra territorio di riferimento e il vino, evidenziando il vero significato di denominazione di origine.

ITALIA

AZIENDA	Fattoria di Bacchereto
VINO	Sassocarlo
VITIGNI	Trebbiano
REGIONE	Toscana
VIGNAIOLI	Rossella Bencini Tesi

DOVE

Carmignano è un luogo storico dell'agricoltura toscana. La posizione collinare e i suoli di alberese, scisti e argille assicurano la vocazione viticola e olivicola del territorio consacrato alla viticoltura da un bando mediceo del 1716. Oggi la denominazione rappresenta un baluardo di resistenza alla continua e pervicace erosione di suolo agricolo di tutta l'area.

SENSAZIONI

Il vino si apre al palato con spessore e morbidezza. La viscosità caratterizza la progressione gustativa evidenziando nel centro bocca l'estrema purezza espressiva. La deglutizione porta una sensazione di profondità aromatica, con la lieve astringenza tannica a prolungare la sapidità.

BEVENDO SI IMPARA

Il ruolo della muffa nobile (*Botrytis cinerea*) nei vini bianchi secchi può amplificare la profondità gustativa e aromatica del vino donando un'ulteriore dimensione al piacere del bere.

ITALIA

AZIENDA	Podere Pagliarese
VINO	Chianti Classico
VITIGNI	Sangiovese, canaiolo e altre varietà a bacca bianca
DENOMINAZIONE	Chianti Classico

DOVE

Il Podere Pagliarese, che si avvalse della consulenza del maestro assaggiatore Giulio Gambelli, oggi non esiste più. Castelnuovo Berardenga è il comune più a sud del Chianti Classico. I suoli, oltre a presentare le tipiche matrici della denominazione, con galestro e alberese, annoverano inserti di sabbia tufacea.

SENSAZIONI

I vini dell'azienda che ho avuto la fortuna di assaggiare appartengono agli anni Ottanta; con tutta probabilità, assieme al sangiovese erano presenti in uvaggio varietà a bacca bianca. Il tratto gustativo è agile e fine. Si articola con delicatezza fino a concludere con aromi agrumati di arancia e tannini robusti ma integrati.

BEVENDO SI IMPARA

L'essenza del territorio di provenienza. Attraverso la leggiadria della beva si apprezzano la ruvidezza tannica e la viva freschezza. In due parole: Chianti Classico.

ITALIA

AZIENDA	Montevertine
VINO	Le Pergole Torte
VITIGNI	Sangiovese
REGIONE	Toscana
VIGNAIOLI	Famiglia Manetti

DOVE

Radda in Chianti è uno dei comuni più vocati del Chianti Classico. I suoli di galestro e alberese, unitamente all'altitudine – tra le più elevate del comprensorio –, fissano nelle uve sangiovese la finezza indispensabile a produrre grandi vini di territorio. Per una storica e condivisibile scelta aziendale il vino non appartiene alla denominazione di cui è un punto di riferimento.

SENSAZIONI

Sottile nell'ingresso, che rivela austera compostezza avvolta intorno alla viva acidità. Il vino poi assume volume e sapore, in un percorso che dispensa succo e profumi a dismisura. Il tannino rigoroso non fa che allungare la finezza degli aromi espressi tra arancia, viola e cenni balsamici.

BEVENDO SI IMPARA

La dimensione della finezza affidata al connubio tra leggerezza espressiva e robusto corredo tannico in grado di prolungare il tatto del vino. Un esempio di Sangiovese di razza.

ITALIA

AZIENDA	Walter De Battè
VINO	Altrove
VITIGNI	Marsanne, roussane, bosco, vermentino
REGIONE	Liguria
VIGNAIOLI	Walter De Battè

DOVE

La viticoltura tra Liguria e Toscana del Nordovest porta con sé i connotati della contaminazione culturale. Il mare da una parte e gli spazi angusti dei passi appenninici dall'altra hanno concentrato in un paesaggio splendido e circoscritto i caratteri salienti della viticoltura mediterranea. De Battè ne è uno dei più autentici testimoni.

SENSAZIONI

Difficile parlare di un territorio quando questo è il mare. Ha un tessuto gustativo sapido fin dall'attacco, poi la progressione è fine, affidata a una vena ossidativa che ne esalta il sapore iodato e balsamico. Nel finale il tannino bilancia la morbidezza del calore alcolico.

BEVENDO SI IMPARA

La buccia come veicolo di sapore ed equilibrio gustativo. La macerazione condensa in modo unico il territorio di provenienza attraverso il tannino, la sapidità e un colore che trasmette luce mediterranea.

ITALIA

AZIENDA	Possa
VINO	Cinque Terre
VITIGNI	Bosco
DENOMINAZIONE	Cinque Terre
VIGNAIOLI	Heidy Bonanini

DOVE

Le vigne a picco sul mare, la luce mediterranea e la continua necessità di mantenere la stabilità di un paesaggio meraviglioso e fragile fanno assumere alla viticoltura delle Cinque Terre il carattere dell'unicità. Possa, a Riomaggiore, è una delle aziende che ha saputo meglio interpretare la ricchezza dei limiti imposti dalla natura, declinandola in vini originali e di carattere.

SENSAZIONI

Il vino attacca con densità e potente progressione. Tale dinamica accentua la nascita del sapore complesso che evidenzia sapidità e cenni marini di alga che, dopo la deglutizione, lasciano spazio al succo e al tatto del tannino, con aromi di macchia mediterranea.

BEVENDO SI IMPARA

La macerazione sulle bucce porta in dote sensazioni tattili in grado di prolungare il percorso sapido e gli aromi. Tale tecnica è fondamentale per percepire nella sua articolazione la denominazione di provenienza.

ITALIA

AZIENDA	Santa Caterina
VINO	Colli di Luni Vermentino
VITIGNI	Vermentino
DENOMINAZIONE	Colli di Luni
VIGNAIOLI	Andrea Kihlgren

DOVE

Sarzana si trova al confine orientale della Liguria. Un luogo di viticoltura a metà tra il clima di montagna, con le Alpi Apuane a due passi, e quello mediterraneo vista la vicinanza geografica del Mar Tirreno. La vocazione antica di queste colline alla viticoltura vede tra le attuali protagoniste enologiche l'azienda fondata da Andrea Kihlgren.

SENSAZIONI

L'attacco è semplice con dinamica leggera che percorre agile il palato. Dal centro bocca emerge un contrasto tra freschezza acida, accentuata, e spessore inaspettato dato forse dal contatto ricercato con le fecce. Il sapore che deriva da questo contrappunto genera una gradita nota di pepe bianco.

BEVENDO SI IMPARA

Il contatto con le fecce assicura uno spessore gustativo avvertibile nel centro bocca, in grado di bilanciare la spinta acida. Un equilibrio magistrale che allunga il sorso e rispetta l'immediatezza del vino.

ITALIA

AZIENDA	La Distesa
VINO	Gli Eremi
VITIGNI	Verdicchio
REGIONE	Marche
VIGNAIOLI	Corrado Dottori

DOVE

Il Verdicchio è uno dei grandi bianchi italiani. Il connubio tra uva e suolo, ricco di arenarie e argille, è in grado di definire nelle migliori giaciture vini con personalità cangiante. Grazie a una viticoltura particolarmente sensibile, Corrado Dottori, a Cupramontana, è riuscito ad amplificare le possibilità espressive di questo territorio.

SENSAZIONI

L'energia dinamica del vino è affidata alla sapidità che ne sorregge la materia, larga e viscosa, mai in debito di spinta e lunghezza. Esibisce, per il carattere di placida densità, la vibrante ossidazione dei bianchi dell'Italia centrale.

BEVENDO SI IMPARA

La dimensione orizzontale dell'assaggio, grazie a un vino che avvolge la bocca prima della distensione e che trova la sua profondità nella forza sapida della materia.

ITALIA

AZIENDA	Emidio Pepe
VINO	Cerasuolo d'Abruzzo
VITIGNI	Montepulciano
DENOMINAZIONE	Cerasuolo d'Abruzzo
VIGNAIOLI	Famiglia Pepe

DOVE

L'Abruzzo vanta una della più belle geografie nazionali. Montagna, mare, colline caratterizzano un paesaggio suggestivo e, soprattutto, influenzano la bontà dell'agricoltura. Qui vino, olio e cereali hanno trovato uno dei luoghi di elezione. Dagli anni Sessanta Emidio Pepe è tra i più nobili interpreti dell'enologia regionale grazie a vini di eleganza contadina, figli di una viticoltura condotta nel rispetto della natura.

SENSAZIONI

La sapidità si fa strada nel palato fin da subito, tracciando la direttrice del vino e definendone i contorni gustativi. Ha succo delicato che genera sapori di ciliegia e vene mentolate. La deglutizione conserva ancora quella sapidità iniziale che incastona a lungo il ricordo fruttato.

BEVENDO SI IMPARA

La qualità del tratto sapido nella leggerezza della materia. Il percorso gustativo ha agilità e immediatezza. Caratteristiche positive e dissetanti condotte nel palato dalla naturale sapidità del vino.

ITALIA

AZIENDA	Valentini
VINO	Trebbiano d'Abruzzo
VITIGNI	Trebbiano
DENOMINAZIONE	Trebbiano d'Abruzzo
VIGNAIOLI	Francesco Valentini

DOVE

Loreto Aprutino è una delle zone abruzzesi di elezione per grano, olio e vino. In questo contesto l'agricoltura si è sedimentata attraverso i secoli nella quotidianità degli abitanti. Tale tradizione ha trovato la punta di eccellenza nel lavoro della famiglia Valentini, che ha saputo esaltare il carattere artigianale della viticoltura italiana.

SENSAZIONI

Il vino esprime d'acchito un tratto rustico, quasi scorbutico. Ha bisogno di tempo per liberarsi e rivelare la sua trascinante personalità. È nella seconda parte del palato che la deflagrazione del sapore esalta succosità e purezza espressiva. Il lieve tannino serve a dare lunghezza a questa materia interminabile.

BEVENDO SI IMPARA

Come introdotto all'inizio di questa lista, il bianco di Valentini è il legame liquido tra origine contadina del vino e la sua sublimazione a emozione gastronomica. Il suo percorso è il segno dell'intima relazione tra genuinità ed eccellenza gustativa.

ITALIA

AZIENDA	Agnanum
VINO	Vigna delle Volpi
VITIGNI	Piedirosso
DENOMINAZIONE	Campi Flegrei
VIGNAIOLI	Raffaele Moccia

DOVE

I Campi Flegrei rappresentano l'origine del vino italiano, quindi europeo e mondiale. Peccato che di questa terra vulcanica, fertile fino al più piccolo granello, sia stato fatto scempio. Oggi pochi agricoltori resistono alla sconsiderata e ormai dominante cementificazione; tra loro troviamo Raffaele Moccia con le sue vigne centenarie di piedirosso.

SENSAZIONI

Il tocco iniziale è acido, quasi scorbutico. Poi il palato prende confidenza e dal centro della lingua la materia acquisisce una dinamica naturale e succosa. Il sapore segue lo stesso percorso: inizialmente compresso nell'ossigenazione, rivela profumi integri di rabarbaro e cenere. Deciso il tannino, ma di ottima tessitura.

BEVENDO SI IMPARA

Le vigne vecchie regalano la naturalezza del sorso. Si avverte nella succosità del centro bocca e nella levità della materia mai messa in discussione dall'affinamento in legno, che pure è presente. Il tannino ruvido allunga il sapore.

ITALIA

AZIENDA	Pietracupa
VINO	Fiano di Avellino
VITIGNI	Fiano
DENOMINAZIONE	Fiano di Avellino
VIGNAIOLI	Sabino Loffredo

DOVE

L'Irpinia è terra di grandi vini. Grazie a un clima continentale, a suoli sabbiosi, vulcanici e rocciosi, a vitigni di grande personalità come i bianchi fiano e greco o l'aglianico per i rossi, l'enologia regionale si è posta da tempo a livelli di eccellenza internazionali. Uno dei grandi interpreti di questo territorio è sicuramente Sabino Loffredo, che dal cru di Montefredane produce vini di straordinaria finezza.

SENSAZIONI

Il vino ha un impatto quasi tecnico nella sua algida progressione. Fino a un certo punto. Dal centro bocca comincia a infiltrare il palato di energia succosa e acidità rinfrescante. Il sentimento è quello di bere acqua di sorgente. Vino più dritto che largo, di finezza sopraffina e aromi affumicati.

BEVENDO SI IMPARA

L'acidità essenziale che regala la facilità del sorso senza per questo sminuirne la complessità. Il vino ha tensione in abbondanza ma corpo sufficiente per raggiungere l'equilibrio.

ITALIA

AZIENDA	Tecce Luigi
VINO	Poliphemo
VITIGNI	Aglianico
DENOMINAZIONE	Taurasi
VIGNAIOLI	Luigi Tecce

DOVE

Paternopoli è uno dei comuni più alti della denominazione Taurasi. I terreni calcarei-argillosi presentano residui di suolo vulcanico che danno varietà alla matrice geologica. Le viti antiche dell'azienda sono tra i più accreditati testimoni della millenaria storia enologica di questi luoghi.

SENSAZIONI

Il vino entra nel palato come un cortocircuito. Qualsiasi ferrea regola di degustazione appresa si spezza di fronte alle spigolature di questo vino che fa emergere acidità volatile e tannino scorbutico fin dal primo sorso. Eppure veicola succo, progressione e sapori di profondità terrosa. Unico nel suo genere.

BEVENDO SI IMPARA

Ad amare l'originalità espressiva. Il vino può sembrare scomposto, ma il suo pregio è in questa forza contadina che esalta le proprie virtù attraverso un'energia propulsiva senza eguali. Un paio di sorsi e sarà un vino indimenticabile.

ITALIA

AZIENDA	Perillo
VINO	Taurasi
VITIGNI	Aglianico
DENOMINAZIONE	Taurasi
VIGNAIOLI	Michele Perillo

DOVE

Castelfranci fa parte della parte meridionale del comprensorio del Taurasi. Con i comuni di Paternopoli e Montemarano rappresenta una delle migliori zone di coltivazione dell'aglianico. I suoli sono argillosi e vulcanici con buona presenza di calcare, sabbia e fossili marini. Si tratta di un territorio pedemontano dove le vendemmie sono tra le più tardive in Italia.

SENSAZIONI

L'attacco è deciso con tannini a volontà che stimolano il tatto e la salivazione. Il vino necessita di massima attenzione e chiede pazienza. L'incedere evidenza la compressione di una materia nobile. Poi si libera e progredisce con austera naturalezza. La deglutizione porta la qualità degli aromi (note selvatiche, funghi, liquirizia e frutta). Al secondo bicchiere rivela una finezza totale e appagante che il tempo aveva compresso in bottiglia.

BEVENDO SI IMPARA

L'attesa del respiro giusto. Il palato, inizialmente compresso, rivela la compatta grana tannica e viva acidità. Segnali che sotto la temporanea chiusura si cela un grande vino.

ITALIA

AZIENDA	I Vigneri
VINO	Vinudilice
VITIGNI	Vari vitigni mediterranei
REGIONE	Sicilia
VIGNAIOLI	Salvo Foti

DOVE

L'altitudine è da capogiro, siamo a 1.300 metri sul vulcano attivo più alto d'Europa, l'Etna. In questo scenario quasi irreale, Salvo Foti ha scovato una vigna antica i cui fitti alberelli sono composti da varietà miste su piede franco, un insieme impensabile nella moderna agroenologia. Grecanico, minnella, alicante, carricante e coda di volpe sono alcune delle varietà che compongono un rosato di incredibile finezza.

SENSAZIONI

Plurime sensazioni, perché l'artigianalità esecutiva consegna bottiglie disomogenee. A unirle è una disarmante grazia espressiva: la spina dorsale acida domina l'attacco e la progressione riesce a stillare delicate gocce i cui aromi evocano boschi alpini e chicchi di melagrana. La deflagrazione del sapore consegna succo acido e ricco di energia.

BEVENDO SI IMPARA

Il valore dell'essenzialità. Nel vino la decisa leggerezza acida dispensa al palato il necessario per un benessere prolungato e privo di qualsiasi eccesso.

ITALIA

AZIENDA	Arianna Occhipinti
VINO	SP68
VITIGNI	Frappato, nero d'avola
REGIONE	Sicilia
VIGNAIOLI	Arianna Occhipinti

DOVE

Le terre calcaree della piana di Vittoria e il carattere di vitigni come frappato e nero d'avola sono le coordinate qualitative dei vini di Arianna Occhipinti. La vignaiola ha saputo esaltare la vocazione storica del territorio attraverso la sovversione della convenzione enologica imposta per anni ai vini siciliani, portando alla luce l'identità cristallina della denominazione.

SENSAZIONI

Spesso la pungenza tattile dovuta a una lieve carbonica coincide con l'ingresso in bocca del vino. È una specie di protezione che si disperde grazie a una breve ossigenazione. La densità incide il palato grazie a una succosità priva di tensione. La naturalezza della forma abbraccia le varie componenti per definire la piacevolezza di questo vino con profumi di cappero, viola e sambuco.

BEVENDO SI IMPARA

Il carattere succoso della densità. Sensazione comune a certi vini del Rodano è lo stimolo evidente di una materia a contatto con la luce che mantiene leggerezza espressiva anche in presenza di evidente calore alcolico.

ITALIA

AZIENDA	Marco De Bartoli
VINO	Vecchio Samperi
VITIGNI	Grillo
REGIONE	Sicilia
VIGNAIOLI	Famiglia De Bartoli

DOVE

L'arida terra calcarea è la culla di vitigni straordinari a cui la luce dell'estremo Meridione italiano dona qualità eccezionali. I vini a carattere ossidativo rappresentano la cultura forse più antica di territori immersi nell'epica mediterranea. Marco De Bartoli è stato uno dei più sinceri custodi di questa tradizione che oggi vede nei suoi successori una sicura continuità.

SENSAZIONI

L'ingresso rivela l'austerità acida di questo vino che assieme al calore alcolico racchiude l'energia di salmastro che si trova in questa terra. Pare che il metodo di invecchiamento perpetuo, consistente nella colmatura di vino vecchio con il vino nuovo, sia in grado di distillare l'umore più profondo di queste matrici geologiche. Saporito, netto e infinito nel ricordo gustativo.

BEVENDO SI IMPARA

L'equilibrio assoluto raggiunto attraverso l'ossidazione in vinificazione. Componente alcolica e forza acida in armonia al servizio di un sapore sapido e marino di difficile imitazione.

I miei passi incerti nel mondo narrativo hanno avuto il sostegno di tante persone. In particolare vorrei ringraziare Cecilia Toso e Marco Vannucci: la loro amicizia, sensibilità e competenza hanno contribuito in modo fondamentale alla stesura di queste pagine. Grazie inoltre a Barbara Santilli, a Maria Grazia Furnari, allo staff dell'azienda Avignonesi, a Stefano Giovacchini e a Laura Guidi. Spero che il libro possa piacere in modo da ripagare la loro fiducia.